广东外语外贸大学2011年教改重点项目
广东外语外贸大学国际经贸研究中心
广东外语外贸大学粤商研究中心
广东外语外贸大学中国计量经济史研究中心

资 助 出 版

计量经济学软件：EViews操作简明教程

（第二版）

刘 巍 陈 昭 著

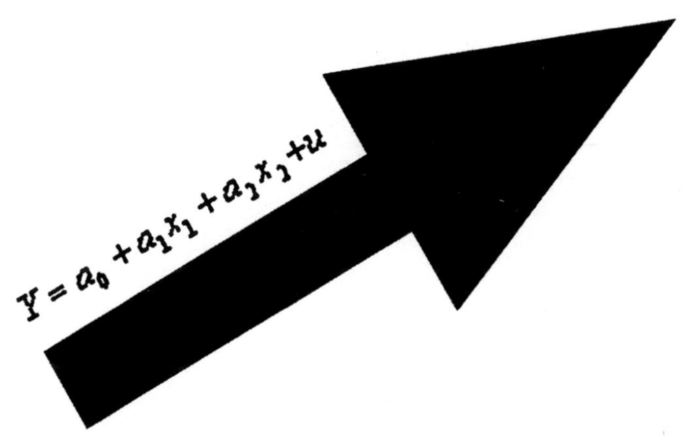

中国·广州

图书在版编目（CIP）数据

计量经济学软件：EViews 操作简明教程/刘巍，陈昭著．—2 版．—广州：暨南大学出版社，2013.8（2015.6 重印）
ISBN 978－7－5668－0677－2

Ⅰ．①计…　Ⅱ．①刘…　②陈…　Ⅲ．①计量经济学—应用软件—高等学校—教材　Ⅳ．①F224.0－39

中国版本图书馆 CIP 数据核字（2013）第 177313 号

出版发行：暨南大学出版社

地　址：中国广州暨南大学
电　话：总编室（8620）85221601
营销部（8620）85225284　85228291　85228292（邮购）
传　真：（8620）85221583（办公室）　85223774（营销部）
邮　编：510630
网　址：http：//www.jnupress.com　http：//press.jnu.edu.cn

排　版：广州市天河星辰文化发展部照排中心
印　刷：广东省农垦总局印刷厂

开　本：889mm×1194mm　1/16
印　张：8
字　数：100 千
版　次：2009 年 4 月第 1 版　2013 年 8 月第 2 版
印　次：2015 年 6 月第 4 次
印　数：10001—13000 册

定　价：18.00 元

（暨大版图书如有印装质量问题，请与出版社总编室联系调换）

作者简介

刘　巍，1960年出生，黑龙江哈尔滨人。经济学博士。广东外语外贸大学WTO与广东经贸研究中心/中国计量经济史研究中心主任、教授。中国数量经济学会常务理事，中国经济史学会现代经济史分会理事，广东省经济学会常务理事、中青年委员会副秘书长，广东省金融学会常务理事。主要研究领域：货币经济学、计量经济史学。

电子邮箱：ssxx1975@mail.gdufs.edu.cn

陈　昭，1972年出生，黑龙江庆安人。经济学博士，教授，硕士研究生导师。中国数量经济学会会员，国内核心期刊匿名审稿人。

研究领域：货币理论、宏观经济、动态非稳定面板、计量经济史学。

电子邮箱：chenzhao2002@mail.gdufs.edu.cn

序

仅“计量经济模型”这个汉语词组，就足以吓晕一批人，更不要谈做这种模型了！这并非耸人听闻，15 年前我就曾被吓晕过，好在晕的时间不长。苏醒之后，不服气，死要面子，说是自尊心也行，说是虚荣心也行，在这种心态的驱使下我闯过了这一关。回头来看，走对了路，受益无穷。

由于历史的原因，国内和我年龄相仿或者年龄比我大的经济学工作者大都数学功底较差，若被吓晕就是晕在数学这座大山的脚下。而且，补上数学这一课又不是一时半晌就可以做到的事，因此，晕倒就再也没有醒过来的同行不计其数。虽说“学海无涯苦作舟”，但苦中找乐也不是不可能的。能不能找到一条相对简便易行一点儿的路径呢？这是我一直在思考的事。

现在，40 岁以上的经济学工作者不少人都买车了，而且开得也不错，我们就拿开车作比喻。我相信，目前开私家车的人，没有几个是从汽车构造和发动机工作原理开始学起的。进过驾校的也好，没进过驾校的也罢，都有过这样的经历：一个有经验的人坐在副驾驶的位置上，解释一下你能看见的各个踏板、手柄、方向盘都是干什么用的，你就慢慢地起步了。在接下来的日子里，你的主要任务是熟练，时不时地请教一下副驾驶座上的高人……

当然，如果你懂油路、电路、发动机、前后桥，那更好！但是，就算你懂那些深奥的东西，要想会开车，你也得练车。如果你的目的不是汽车研发，只是以车代步，会开就行了，哪里坏了给 4S 店打个电话就 OK 了。在我国，从事计量经济学研究的人，就好比汽车研发工作者，而我们这些使用计量经济学方法研究经济运行的人就是以车代步者。我们大家熟知的汪同三、李子奈、宋逢明、吴承业、李金华、张晓峒、王美今、谢识予、胡祖光、张永林、陈畴镛等教授，主业都是汽车研发，他们不断推出新款车型。当然，他们也开车，而且技术相当好。他们都是中国数量经济学会的会长、副会长或常务理事，是我国计量经济学界的一流高手。我是中国数量经济学会的常务理事，是搞经济运行研究的，属于以车代步。我和大多数以车代步者的不同在于，我更多地研究了计量经济史，开辟了计量经济学新的应用领域，等于离开了交通拥堵的大都市，把车开上了崎岖的山路。有时候石头刮坏了汽车底盘，漏油了，致电 4S 店，人家嫌远不来，我就得自己修车，被迫学了点儿汽车工作原理。呵呵，值此，谈谈我的体会。

简单的经济模型无非是有待定参数和随机扰动项的数学方程式，例如：

$$Y = a_0 + a_1 x_1 + a_2 x_2 + u$$

这个二元一次方程是用数学语言在和我们诉说一个因果关系，即 Y（一般称为被解释变量）是 x_1 和 x_2（一般称为解释变量）两个变量变化的结果，或 x_1 和 x_2 的变化是 Y 变化的原因（u 是随机扰动项，表示不可预知的影响因素，如突发战争、地震等)。如果 Y 表示的是农业产量，x_1 表示种子方面的投入，x_2 表示肥料方面的投入，则两个解释变量与 Y 的关系都是正相关的，即 x_1 和 x_2 越大，Y 就越多。显然，这是一种逻辑关系。这种逻辑关系应该建立在一定的前提假设之上，比如，天气正常，没有形成灾害；劳动工时投入正常，没有劳动或农机具短缺现象等。说到这儿，我们其实已涉及了经济学分析范式的大部分，即：

前提假设→逻辑推理→得出结论

我们的前提假设是关于天气和工时的，我们的逻辑是种子、肥料有助于产量提高（这里，限于篇幅，我们省略了农业生产自身的逻辑分析），我们的结论是 $Y = a_0 + a_1x_1 + a_2x_2 + u$。但是，到此为止这个结论依然是我们推理的结果，属于假说性质。经验支不支持这个结论呢？经济学所谓的经验，大部分是指数据，不是案例。我们可以找到足够的数据，剔除大灾之年的部分之后，以计量经济学的方法来验证结论是否成立。以往很多的经济研究很容易在这儿出现失误，把头脑中的逻辑结论误认为是市场规律，而据此提出的政策建议就不靠谱了。譬如，很多人认为我国城乡居民银行存款和利率有显著的因果关系，用计量方法检验之后方知，我国城乡居民储蓄存款的最主要影响因素是收入，其次是价格，而利率的影响最弱。如果不经检验，从逻辑结论直接得出政策建议，显然是南辕北辙的。

用计量经济学的方法检验，就是看各项检验指标是否能通过。如果不能通过检验，说明模型有问题，回头好好研究问题出在哪儿。如果模型通过了检验，那么，我们就得到了各个解释变量与被解释变量之间的数量关系，这是政策建议的依据。譬如，我们假定上面的模型通过了检验，得到了下面的计量经济模型：

$$Y = 654.3 + 0.58x_1 + 0.33x_2$$

这个计量经济模型告诉我们的是，如果这片土地不投入优良品种、化肥，平均产量是654.3（常数项）；种子方面的投入每增加1个单位，产量则增长0.58个单位；肥料方面的投入每增加1个单位，产量则增长0.33个单位。至于这里所说的1个单位是什么，公斤还是吨、美元还是欧元，完全取决于你所用数据的量纲。

依据这些确定的参数，你就可以提出相应的政策建议了。至此，一个完整的研究实现了：

前提假设→逻辑推理→得出结论→实证检验→政策建议

本书指导你去做的，是“实证检验”这一环节，希望没晕的不会被吓晕，吓晕的马上醒来，且不要再晕了。这本书基本上不讲原理，只讲操作，不讲“为什么”，只讲“怎么样”。比如单位根检验，我们只说必须得做单位根检验，否则可能出现伪回归现象，绝不讲道理，因为一讲道理你可能就懵了。然后，再告诉你怎么操作：鼠标点击哪里、看哪一行数据、怎样是通过怎样是没有通过……

如果你看完本书学会了操作，还想学一些计量经济学原理，那你随便找一本相关教材看即可。我们推荐张晓峒教授编写的教科书，当然，前面提到的那些学者编写的也都不错。

我们这本小册子，是写给初学者的，特别是数学基础不太理想的初学者，就像我当年一样。但愿它能像坐在你车中副驾驶位置上的“高人”一样，一步一步地指点你前行，虽然，它不会说话，你得自己看它才行。我们尽量通俗、尽量详细、尽量从零开始……其实，很想写成类似于电脑操作书系中的“傻瓜书”，我们是否做到了，请读者给予评判。如果我们的小册子真的写到了“傻瓜书”的份儿上，我们将十分欣慰。同时，它也可以作为经济、管理类学院各专业本科生、研究生的《计量经济学》课程的上机课指导书。换言之，它类似于一本操作手册，忘了怎么做的时候，一查便知你的鼠标该点击哪里。

虽然我们作了很多努力，但可能你仍认为本书还不太“傻瓜”。为了能及时解决你认为没有说清楚的问题，请记住这个E-mail地址：chenzhao2002@mail.gdufs.edu.cn。通过这个地址，你既可以索要EViews各个版本的软件，也可以提出你不解的问题，哪怕是非常初级的问题。

读者一看E-mail地址便知，这是陈昭博士的。我是陈昭博士读硕士研究生时的导师，在计量经济学方法方面仅仅给过他一定的启蒙，他突飞猛进的阶段是在南开大学读博士的时期，当时，张晓峒教授的指点使他受益匪浅。我相信，这是他终生难忘的。

大家提出的问题，是我们修订本书的依据，我们将把“通俗”工作进行到底。

祝读者好运！

刘　巍

2009 年 1 月 30 日

于白云山麓广东外语外贸大学校园

第一章　数据的输入

亲爱的朋友们，我们将开始计量模型实证分析的旅程！在开始之前，请先安装软件。找不到软件的朋友请给我们发邮件，我们一定竭尽所能为你服务，帮助你完成愉快的旅行！你面前是：青青园中葵，朝露待日晞！

目前 EViews 软件有这样几个流行版本：EViews 3.1、EViews 4.0、EViews 5.0、EViews 5.1、EViews 6.0、EViews 7.0 等，各个版本间的操作大同小异，但是版本越高级，应用能力就越强。我们下面的操作是以 EViews 5.1 为基础的，因为目前 EViews 6.0 和 EViews 7.0 的安装和使用还未普及。

第一节　基本常识

双击软件图标打开 EViews 软件（如果在桌面建立快捷方式，那会更节省你的宝贵时间)，出现如图 1-1 所示的界面：

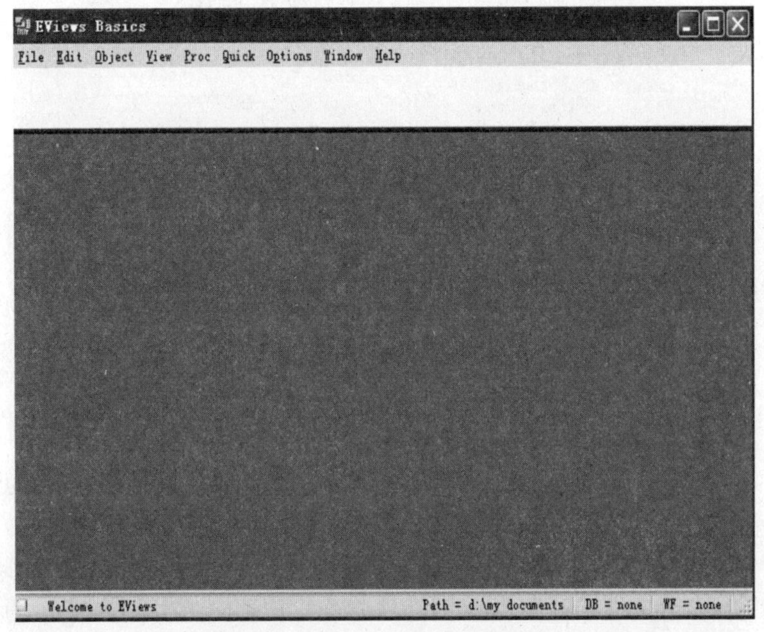

图 1-1　EViews 5.1 软件的主页面

上面这个窗口称为主页面，它给了我们很多信息。我们首先要建立一个工作文件，以便在这个文件里面进行以后的工作。

首先，点击上图的“File”，出现一个下拉菜单，第一项为“New”，因为我们是第一次操作，所以必然要选择这个，建立一个新的工作文件。

然后，将鼠标放到“New”处，它会变蓝，出现一个小的下拉菜单，其中第一项为“Workfile...”，这就是我们第一次操作要建立的工作文件，点击“Workfile...”，出现了如图 1－2 所示的窗口：

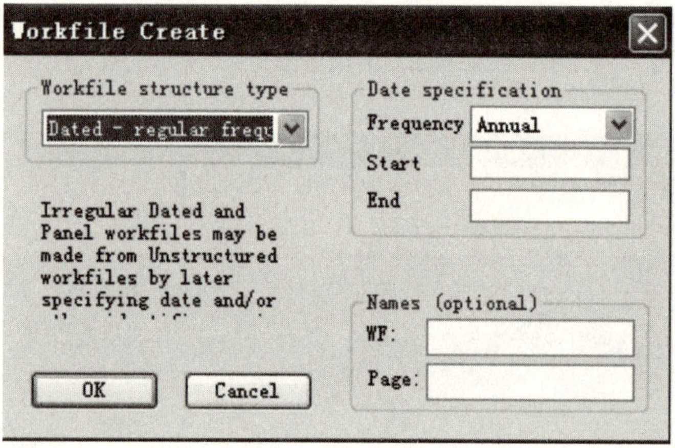

图 1－2　创建工作文件

上面这个窗口分为三部分：

第一部分为“Workfile structure type”（工作文件类型），分为非结构/非日期（Unstructured/Undated）、日期－规则频率（Dated－regular frequency）、平衡面板（Balanced Panel）。初学者可以先选择缺省选择状态（即默认状态，这部分可以不操作）的 Dated－regular frequency。

第二部分是“Date specification”（日期设定），包括“Annual”（年度数据）等项。建议初学者先选择年度数据输入，缺省选择状态为“Annual”。“Start”是起始时间；“End”是终止时间。

第三部分是“Names（optional）”（随意的名称），就是给工作文件命名。这样我们在上图需要做的工作就是输入我们要估计的模型所用的数据的起始时间和终止时间。

比如我们想做一个$\frac{M_d}{P}=\beta_0+\beta_1 Y+\beta_2 i+u$模型，我们找到某一个国家的$M_d$、$P$、$Y$、$i$四个变量的数据，用 Excel 计算$\frac{M_d}{P}$的结果并写为$M$，上述模型变为$M=\beta_0+\beta_1 Y+\beta_2 i+u$，其中$\beta_0$、$\beta_1$、$\beta_2$是待估参数。要用 EViews 软件估计参数，首先要输入一个被解释变量和两个解释变量的数据，三个变量的虚拟数据（只是告诉你如何做，文中数据不代表实际数据，实际数据可以查找统计年鉴，你可以用实际数据做一个真正的计量模型）如表 1－1 所示：

表 1－1　数据表

年份	M	Y	i	年份	M	Y	i
1952	3 516	219	1 690	1980	27 320	664.6	15 700
1953	3 716	216	1 730	1981	30 530	724.414	16 440
1954	3 725	216	1 810	1982	31 660	737.706	17 870
1955	4 059	217	1 850	1983	34 060	750.998	20 780
1956	4 282	224	1 890	1984	37 720	764.29	22 670
1957	4 510	230	1 930	1985	40 150	764.29	24 830
1958	4 568	234	2 070	1986	42 320	744.352	27 070
1959	4 958	234	2 100	1987	45 240	757.644	29 290
1960	5 153	234	2 170	1988	48 810	790.874	30 900
1961	5 338	233	3 400	1989	54 530	987.5	32 450
1962	5 746	234	3 670	1990	57 650	1 027	33 570
1963	6 069	233	3 980	1991	59 320	1 027	34 580
1964	6 498	234	4 300	1992	62 560	1 034.9	35 280
1965	7 051	239	4 650	1993	65 600	1 050.7	35 910
1966	7 720	246	4 860	1994	67 229	1 068.08	40 180.3
1967	8 164	247	5 300	1995	70 336	1 098.89	42 459.3
1968	8 927	253	5 720	1996	73 906	1 129.7	45 052.9
1969	9 639	263	5 920	1997	78 340	1 129.7	48 030
1970	10 155	273	6 310	1998	86 992	1 098.89	52 810.6
1971	11 030	282	7 140	1999	91 520.98	1 109.16	57 120.7

（续上表）

年份	M	Y	i	年份	M	Y	i
1972	12 130	294	8 060	2000	97 648	1 170.78	61 089
1973	13 590	333	8 590	2001	100 490	1 181.05	69 660.2
1974	14 730	395	9 050	2002	104 290	1 160.51	72 687
1975	15 980	432	10 200	2003	109 185	1 216.8	74 222
1976	17 830	451.928	11 600	2004	116 792	1 287	76 800
1977	19 910	478.512	12 820	2005	124 165	1 392.3	92 600
1978	22 500	518.388	13 810	2006	132 018	1 450.8	101 000
1979	25 080	584.848	14 670				

在图 1－2 里面的"Start"后面空白处输入"1952"；"End"后面的空白处输入"2006"，"Names（optional）"（随意的名称）部分的"WF"后面的空白处输入"dyc"（汉语拼音"第一次"的缩写，以后的工作文件就是这个名称），然后点击"OK"。出现如图 1－3 所示的界面：

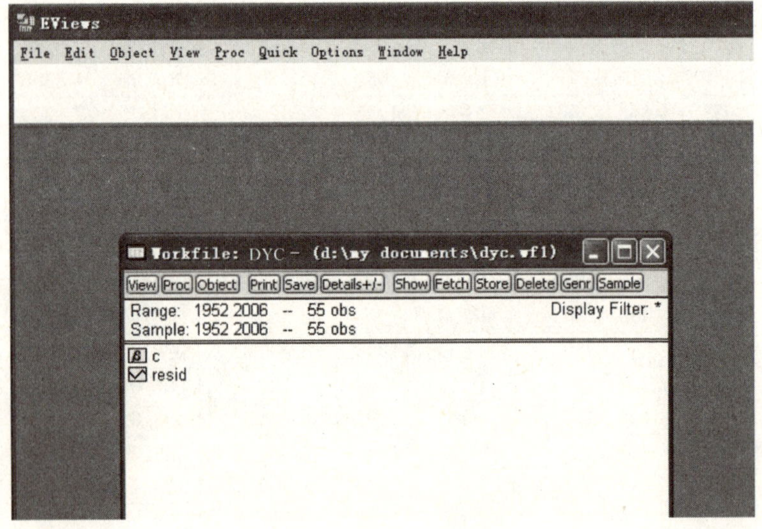

图 1－3　工作文件窗口

上面这个窗口称为工作文件窗口，上图中工作文件“Workfile：DYC”项下“c”表示系统默认的常数项（截距项），“resid”表示最后一次回归后的残差保留的位置。

第二节　数据的录入

1. 单一序列的输入

下面的工作就是要输入数据了。点击主页面下的“Quick”，出现一个下拉菜单：其中有一项“Empty Group（Edit Series）”就是数据的编辑项，点击“Empty Group（Edit Series）”后出现如图1－4所示的窗口：

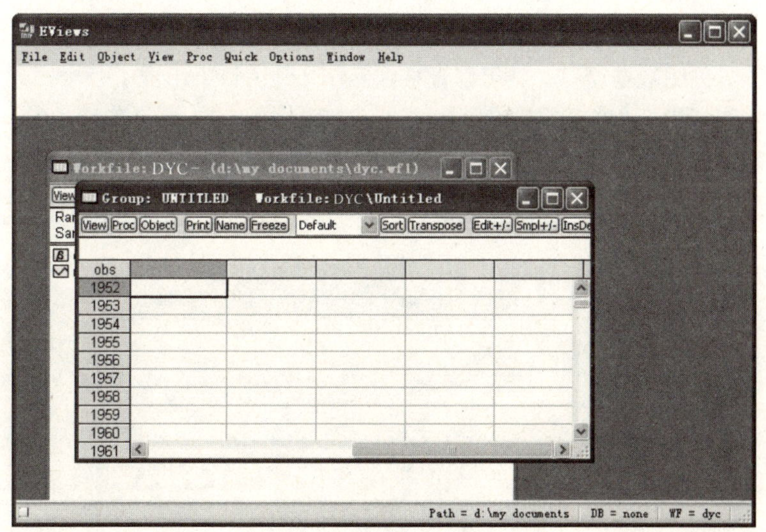

图1－4　数据录入窗口

上面这个窗口称为数据窗口，这样就可以把事先从统计年鉴找到的数据输入到里面（或者把数据输入到Excel然后复制到

EViews)。首先输入的是 M，如图1－5所示：

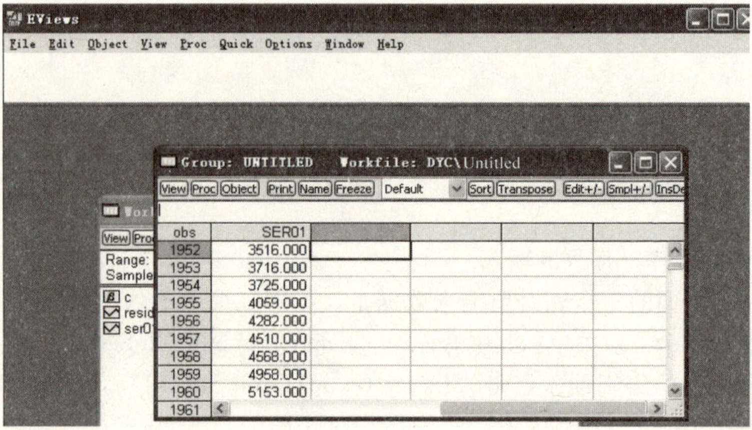

图1－5　数据的录入

关闭数据窗口，就可以观察到工作文件窗口下出现了一个序列为"ser01"，这就是我们刚才输入的 M 数据。右键点击"ser01"这个名称，出现一个下拉菜单，有一项为"Rename..."（改名），左键点击这个"Rename..."，出现如图1－6所示的界面：

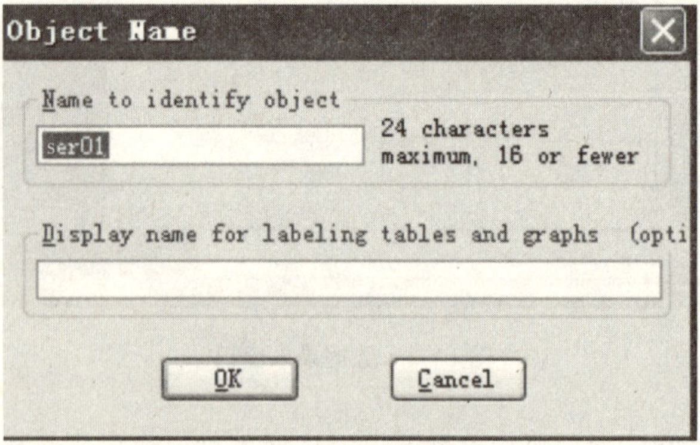

图1－6　变量的命名

在“Name to identify object”下方的空白处删除“ser01”，输入“M”，然后点击“OK”。结果如图 1－7 所示（需注意的是 EViews 软件不区分大小写，不能用同一个字母的大写和小写分别代表两个变量）：

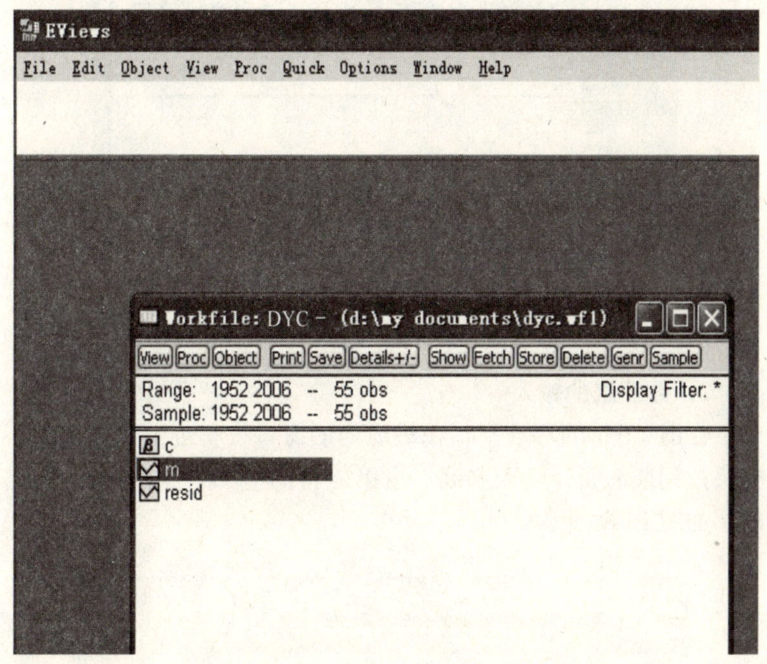

图 1－7　名称为 DYC 的工作文件窗口

同样道理，依次输入变量 Y 和 i，结果如图 1－8 所示：

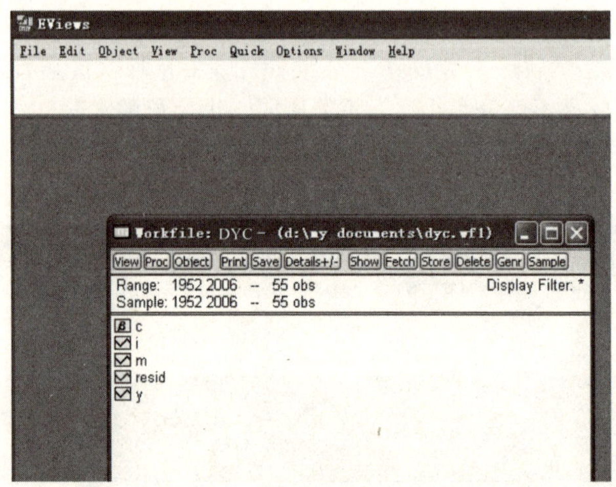

图 1-8　所需变量输入完成后的工作文件窗口

2. 数据组的输入

在图 1-4 的环境下，在最表面的窗口将右边上下活动的小标尺拉到最上面，鼠标左键点击第二行的“obs”右侧位置的空格，如图 1-9 所示。

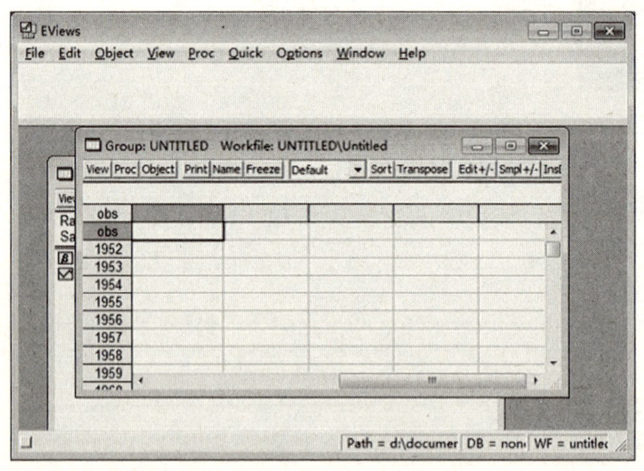

图 1-9　数据组输入前的设定

一般我们习惯把需要的数据先输入或者复制到 Excel 或者 Word 文档中，如表 1－1 所示，这样已经命名好的三列数据包括名称 M、Y、I 复制下来（注意不要复制年份那列数据，但是变量名称要复制下来），如图 1－10 所示。

M	Y	I
3516	219	1690
3716	216	1730
3725	216	1810
4059	217	1850
4282	224	1890
4510	230	1930
4568	234	2070
4958	234	2100
5153	234	2170
5338	233	3400
5746	234	3670
6069	233	3980
6498	234	4300

图 1－10　数据组的复制（部分截图）

在图 1－9 窗口环境下，右键点击第二行的“obs”右侧位置的空格，出现下拉菜单如图 1－11 所示。

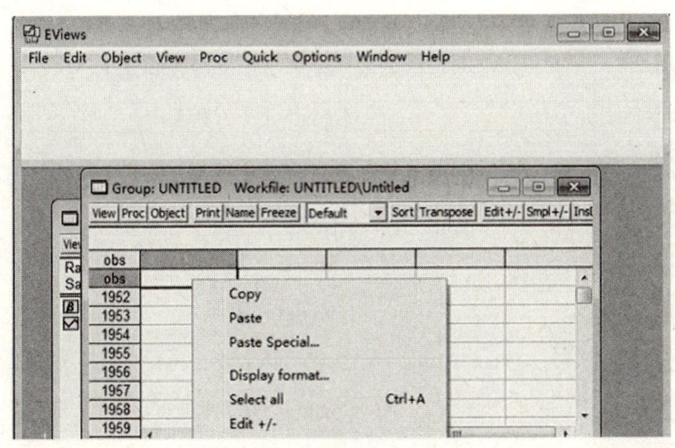

图 1－11　数据组的粘贴命令

点击上图下拉菜单中的“Paste”，结果如图 1－12 所示。

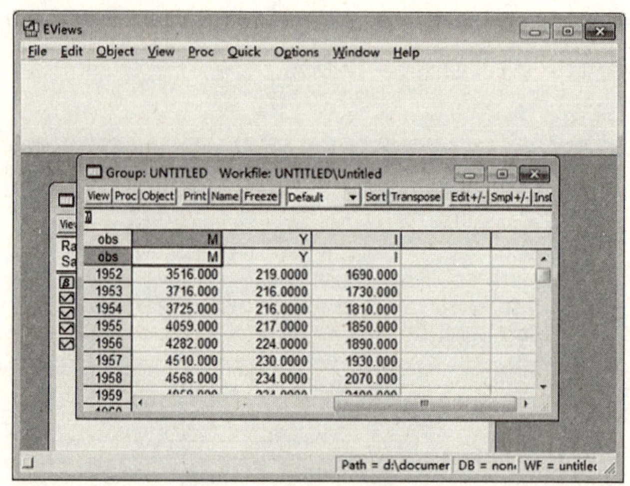

图 1－12 数据组录入的完成

我们回到图 1－8 的工作文件目录窗口，图标的含义如表 1－2 所示。

表 1－2 不同对象和图标的含义

图标	含 义
	Coefficient Vector（系数向量）
	Equation（方程）
	Graph（图形）
	Group（序列组）
	Matrix（矩阵）
	Model（模型）
	Pool（time－series/cross－section）（面板数据）
	Sample（样本）
	Scalar（标量）

（续上表）

图标	含义
	Series（序列）
	System（系统）
	Symmetric matrix（对称矩阵）
	Table（表格）
	Text（文本）
	VAR（vector autoregression）（向量自回归）
	Vector/Row vector（向量或行向量）

在授课过程中发现，初学者容易弄错“Series（序列）”前面的图标，因此要注意“序列”名称前的图标如果不是“”，就说明出现问题了，要按照程序重新输入数据或者数据组，直到符合规范和要求。

这样，我们就完成数据输入的任务了。如果不想休息，请继续我们第二章的旅程；如果想休息一下，可以关闭工作文件窗口，这时候系统会提示你是否保存，如图1－13所示：

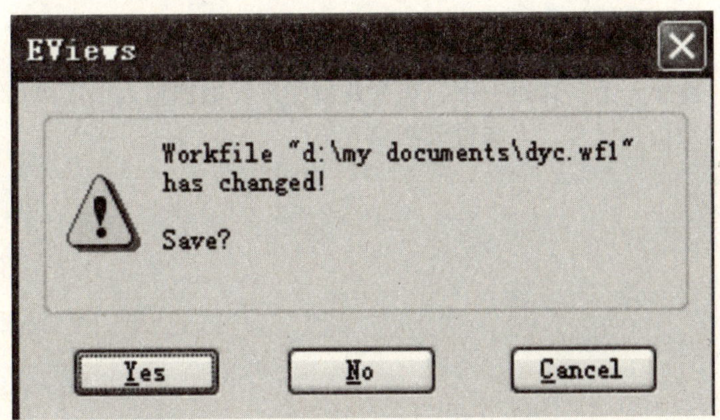

图1－13　是否保存工作文件的命令提示

这时候要小心，我们辛苦工作的成果一定要保存好，所以你要选择“Yes”，系统就会自动为你保存在默认目录下（建议初学者不要改变路径，学有所成后可以自由发挥）。点击“Yes”后，系统会出现如图 1－14 所示界面：

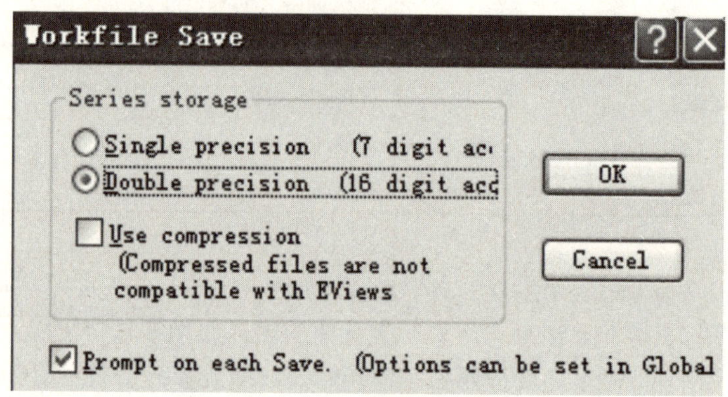

图 1－14　工作文件的保存

直接点击“OK”就可以了。文件保存好了，这时候我们就可以安心休息了。

休息一下，休息一下，等会儿就回来！数据输入很简单嘛！空山鸟语兮，人与白云栖！

第二章　模型的估计与结果

休息好了，我们有精神了，接下来继续我们的旅程！

春水碧于天，画船听雨眠！

在上一章的学习中我们将要估计的模型数据输入到了 EViews 软件里面，并进行了保存，你也许不知道保存的结果放到哪里了，没有关系，我们现在把它找出来。

现在，我们双击桌面上的快捷方式，打开 EViews 软件。片刻，主页面出现了。

左键单击“File”后会出现下拉菜单，如图 2-1 所示，其中一项是“0 d:\my documents\dyc. wf1 ”，这是系统自动为你保存的目录，文件名字是“dyc. wf1”　（dyc 就是第一章图 1-2 “Names (optional)”（随意的名称）部分的“WF”后面的空白处输入的“dyc”）。

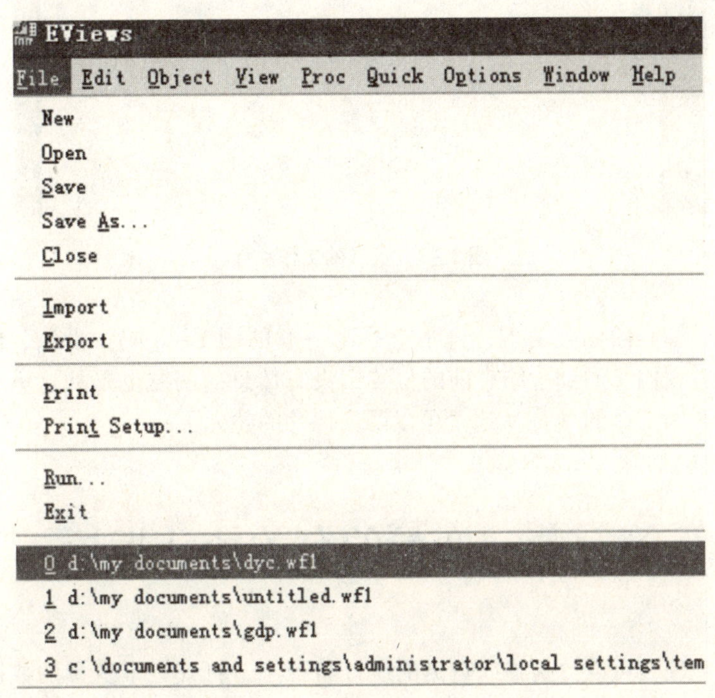

图 2-1　保存路径的提取

点击这个“0 d:\my documents\dyc. wf1 ”，出现了如图 2-2 所示的界面：

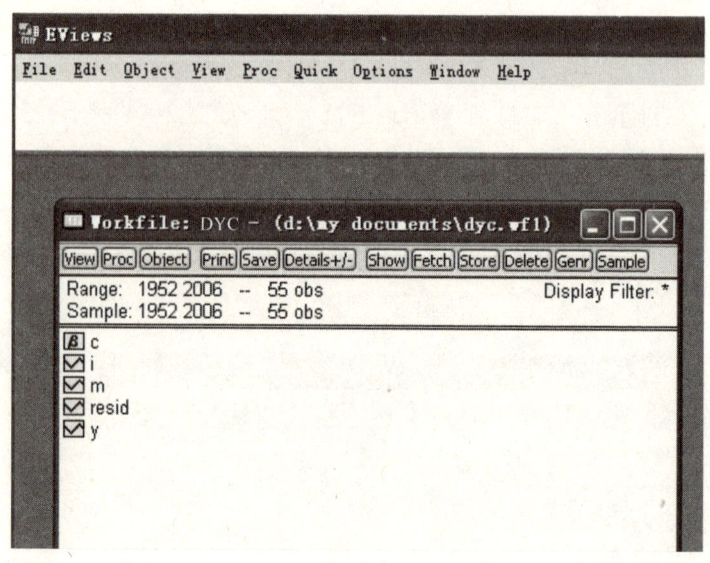

图 2-2 保存的工作文件

细心的你会发现，这不就是第一章的图 1-8 吗？没错，休息后我们又回到了结束前的位置，没有休息的朋友也是从这里继续开始工作的（你从这里可以明白保存的益处了）。

第一节 变量的有关统计指标

现在可以分析输入数据的统计特征了，打开三个变量的数据窗口：

首先，左键单击一个变量，该变量变成蓝色。

然后，按住电脑键盘的“ctrl”键，再分别单击其他变量，使其都变成蓝色。

接下来，在蓝色区域内点击右键，出现下拉菜单，第一项为“Open”，鼠标放在这个位置后出现一个小菜单，点击其中的“as

Group”即可出现所选择的数据组窗口。具体步骤如图 2－3 到图 2－5 所示：

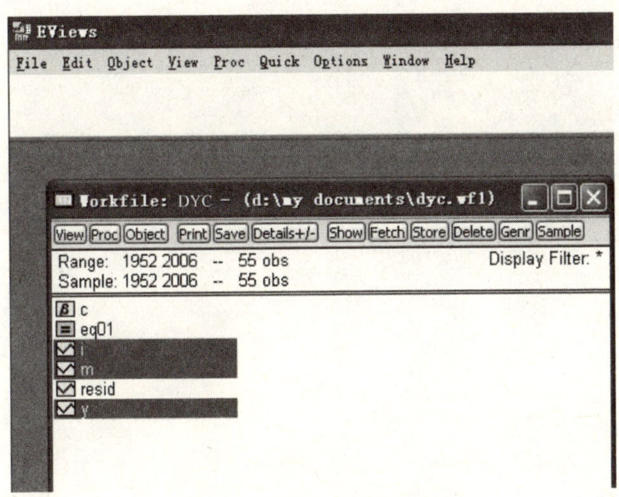

图 2－3　同时选中几个变量

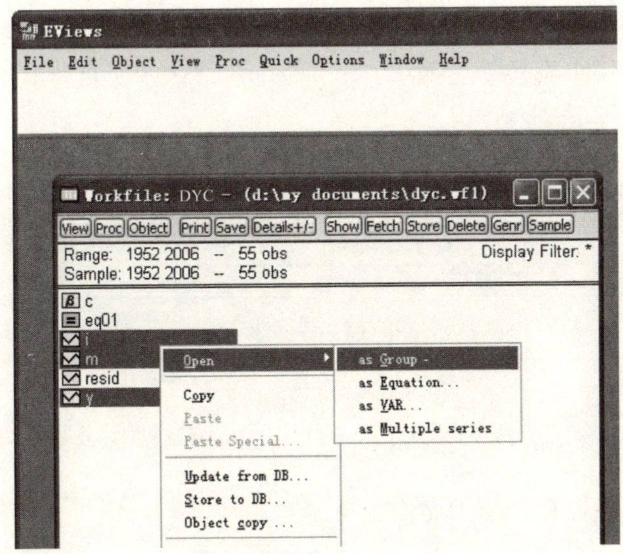

图 2－4　打开选中的几个变量数据组的命令过程

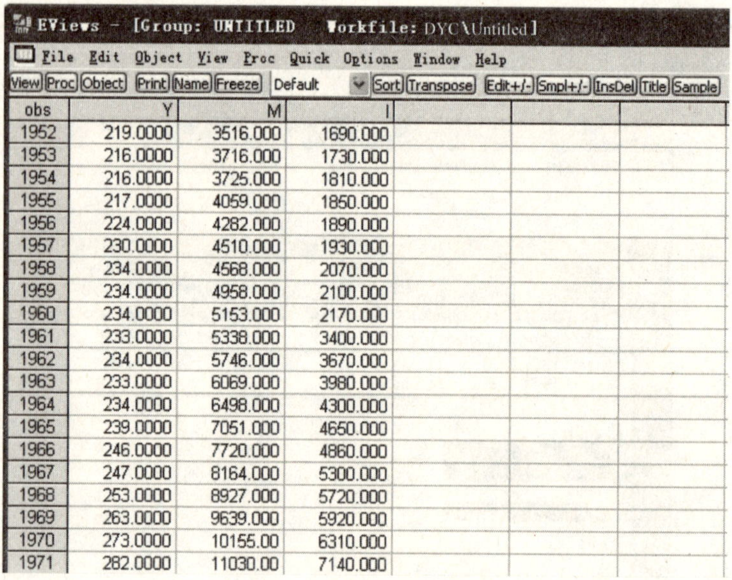

EViews - [Group: UNTITLED Workfile: DYC\Untitled]
File Edit Object View Proc Quick Options Window Help
View Proc Object Print Name Freeze Default Sort Transpose Edit+/- Smpl+/- InsDel Title Sample

obs	Y	M	I
1952	219.0000	3516.000	1690.000
1953	216.0000	3716.000	1730.000
1954	216.0000	3725.000	1810.000
1955	217.0000	4059.000	1850.000
1956	224.0000	4282.000	1890.000
1957	230.0000	4510.000	1930.000
1958	234.0000	4568.000	2070.000
1959	234.0000	4958.000	2100.000
1960	234.0000	5153.000	2170.000
1961	233.0000	5338.000	3400.000
1962	234.0000	5746.000	3670.000
1963	233.0000	6069.000	3980.000
1964	234.0000	6498.000	4300.000
1965	239.0000	7051.000	4650.000
1966	246.0000	7720.000	4860.000
1967	247.0000	8164.000	5300.000
1968	253.0000	8927.000	5720.000
1969	263.0000	9639.000	5920.000
1970	273.0000	10155.00	6310.000
1971	282.0000	11030.00	7140.000

图 2－5　打开的数据组窗口

数据组窗口打开后，左键单击上图的“View”按钮，出现一个下拉菜单，其中一项为“Correlation”（表示变量间的相关系数），点击后得到图 2－6：

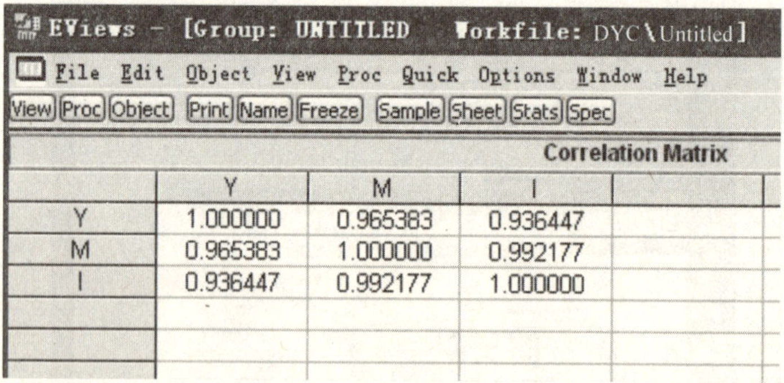

EViews - [Group: UNTITLED Workfile: DYC\Untitled]
File Edit Object View Proc Quick Options Window Help
View Proc Object Print Name Freeze Sample Sheet Stats Spec

Correlation Matrix

	Y	M	I
Y	1.000000	0.965383	0.936447
M	0.965383	1.000000	0.992177
I	0.936447	0.992177	1.000000

图 2－6　变量的相关系数

该图说明变量 Y 和 M 的相关系数为 0.965 383；而变量 Y 和 i 的相关系数为 0.936 447。

再次用左键单击图 2－6 的“View”按钮，出现一个下拉菜单，点击“Descriptive Stats”，出现下拉小菜单，点击其中的“Common Sample”，则得到几个变量的主要统计指标，如图 2－7 所示：

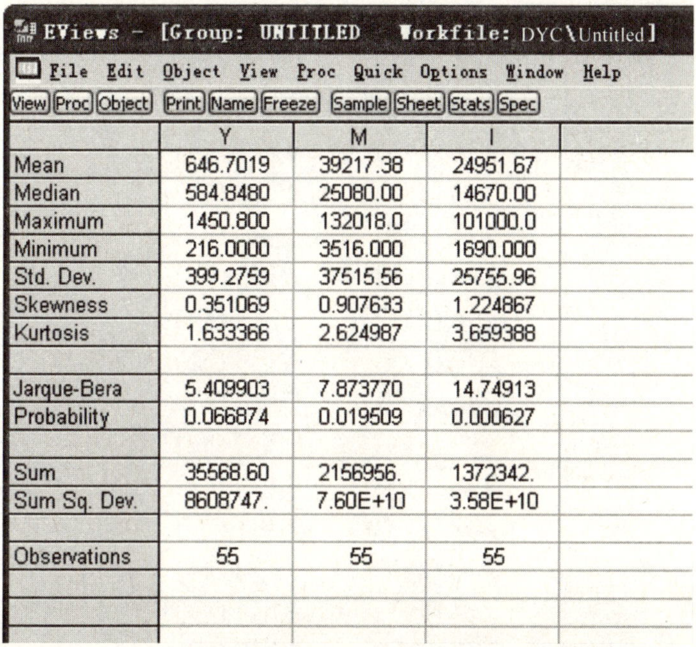

EViews - [Group: UNTITLED Workfile: DYC\Untitled]

File Edit Object View Proc Quick Options Window Help

View Proc Object Print Name Freeze Sample Sheet Stats Spec

	Y	M	I
Mean	646.7019	39217.38	24951.67
Median	584.8480	25080.00	14670.00
Maximum	1450.800	132018.0	101000.0
Minimum	216.0000	3516.000	1690.000
Std. Dev.	399.2759	37515.56	25755.96
Skewness	0.351069	0.907633	1.224867
Kurtosis	1.633366	2.624987	3.659388
Jarque-Bera	5.409903	7.873770	14.74913
Probability	0.066874	0.019509	0.000627
Sum	35568.60	2156956.	1372342.
Sum Sq. Dev.	8608747.	7.60E+10	3.58E+10
Observations	55	55	55

图 2－7　变量的主要统计指标

其中 Mean 表示均值；Median 表示中位数；Maximum 表示最大值；Minimum 表示最小值；Std. Dev. 表示标准差；Skewness 表示偏度；Kurtosis 表示峰度；Sum 表示累加和；Sum Sq. Dev. 表示平方累加和；Observations 表示样本容量。

如果想看任何两个变量的趋势图，则打开两个变量的数据窗口，如图 2－8 所示：

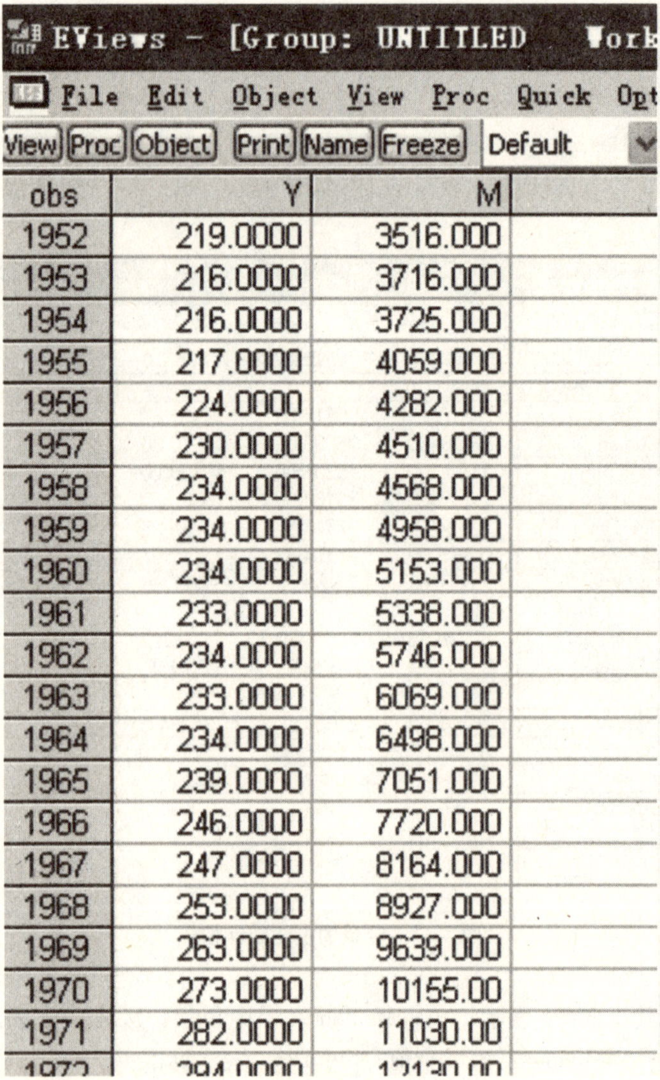

EViews - [Group: UNTITLED Work
File Edit Object View Proc Quick Opt
View Proc Object Print Name Freeze Default

obs	Y	M
1952	219.0000	3516.000
1953	216.0000	3716.000
1954	216.0000	3725.000
1955	217.0000	4059.000
1956	224.0000	4282.000
1957	230.0000	4510.000
1958	234.0000	4568.000
1959	234.0000	4958.000
1960	234.0000	5153.000
1961	233.0000	5338.000
1962	234.0000	5746.000
1963	233.0000	6069.000
1964	234.0000	6498.000
1965	239.0000	7051.000
1966	246.0000	7720.000
1967	247.0000	8164.000
1968	253.0000	8927.000
1969	263.0000	9639.000
1970	273.0000	10155.00
1971	282.0000	11030.00

图 2－8　两个变量的数据组窗口

点击该窗口下的“View”，再点击其下拉菜单中的“Graph”里的“xy line”和“scatter”下的“Simple Scatter”，就得到两个变量的线性趋势图和散点图，分别如图 2－9、图 2－10 所示：

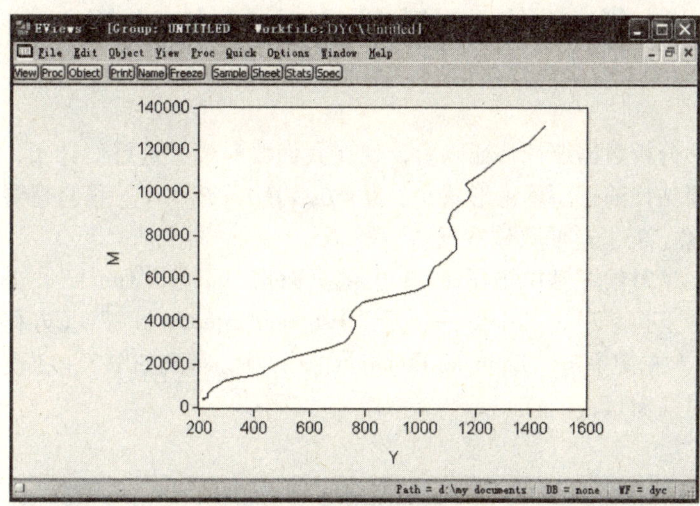

图 2－9　两个变量的线性趋势图

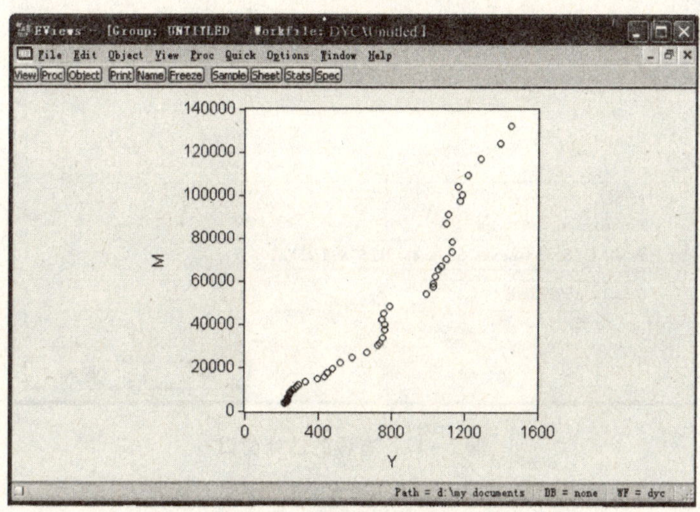

图 2－10　两个变量的散点图

第二节　模型的估计与结果

分析数据统计特征以后，现在我们要对模型进行估计了，我们要估计的模型理论形式是：$M=\beta_0+\beta_1 Y+\beta_2 i+u$，我们想要得到 β_0、β_1、β_2 的具体数据。

这时候左键单击图 1－1 中主页面窗口下的"Quick"，出现一个下拉菜单，其中有一项是"Estimate Equation..."（方程估计），左键单击"Estimate Equation..."项，得到如图 2－11 所示的对话窗口：

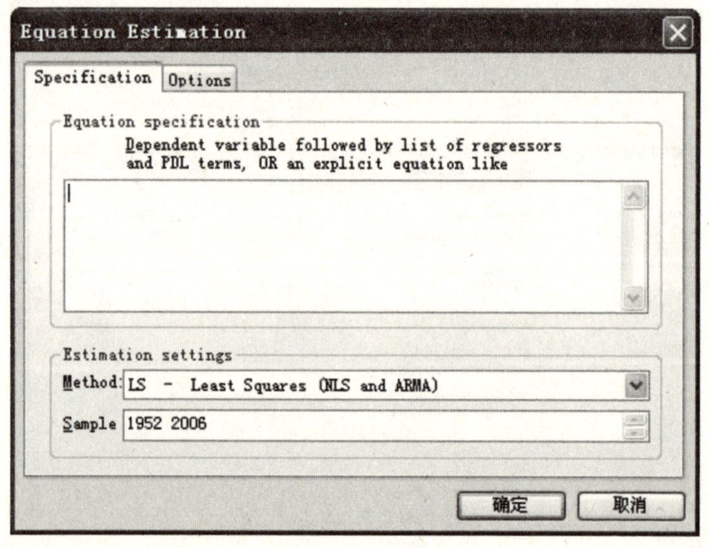

图 2－11　方程的估计窗口

在上图最大的空白处依次输入被解释变量 M、常数项 C（系统默认的名字，不要更改为别的字母）、解释变量 Y 和 i（解释变量的位置可以互换，但被解释变量一定要排在第一个位置)。需注意的是，每个字母之间至少要按一下空格键，否则系统会认为所有连在一起的字母是一个名称。输完显示如图 2－12 所示：

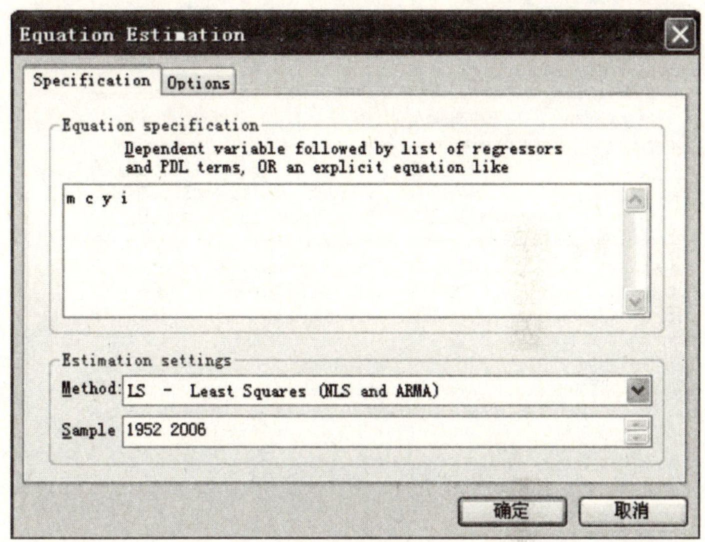

图 2－12　方程变量输入后的窗口

然后点击“确定”，结果如图 2－13 所示（如果显示的图形比下图小，可以点击该图形右上角的正方形形状表示的“最大化”图标）：

EViews - [Equation: UNTITLED Workfile: DYC\Untitled]

File Edit Object View Proc Quick Options Window Help

View Proc Object Print Name Freeze Estimate Forecast Stats Resids

Dependent Variable: M
Method: Least Squares
Date: 12/12/08 Time: 21:27
Sample: 1952 2006
Included observations: 55

Variable	Coefficient	Std. Error	t-Statistic	Prob.
C	-4718.111	895.4062	-5.269241	0.0000
Y	27.68500	2.599988	10.64813	0.0000
I	1.043279	0.040306	25.88414	0.0000

R-squared	0.995100	Mean dependent var	39217.38
Adjusted R-squared	0.994911	S.D. dependent var	37515.56
S.E. of regression	2676.167	Akaike info criterion	18.67516
Sum squared resid	3.72E+08	Schwarz criterion	18.78465
Log likelihood	-510.5669	F-statistic	5279.913
Durbin-Watson stat	0.699714	Prob(F-statistic)	0.000000

图 2－13 方程的回归结果

上面的这个图形为方程的回归结果窗口，从上往下看：

第一行，Dependent Variable：M 表示被解释变量是 M；

第二行，Method：Least Squares 表示估计方法是普通最小二乘法（OLS）；

第三行，估计的日期和时间；

第四行，Sample：1952 2006 表示样本区间是 1952—2006；

第五行，Included observations：55 是样本容量，表示回归方程中所用到的有效样本数量是 55 个。

下面的表格分为两部分：

上部分中，Variable 表示解释变量，包括常数项 c、两个解释变量 Y 和 i；Coefficient 表示回归系数，－4 718.111、27.685 00、1.043 279 分别是 β_0、β_1、β_2 的估计值；Std. Error 表示系数对应的标准误差；t-Statistic 表示系数对应的 t 统计量；Prob. 表示 t 统

计量尾端的面积，一般称之为伴随概率。伴随概率小于 0.05 则表明参数估计值（系数）是有效的。如果伴随概率大于 0.05 则接受系数为零的原假设，表明两个变量不相关。

下部分是有关的统计和检验指标：

R-squared 是判定系数，越接近于 1 表明回归效果越好；

Adjusted R-squared 是调整的判定系数，绝大多数情况下略小于判定系数；

S. E. of regression 是回归标准差，越小越好；

Sum squared resid 是残差平方和，越小越好；

Log likelihood 是似然估计值，暂时不用考虑；

Durbin-Watson stat 是杜宾—瓦特森统计量，检验是否存在一阶自相关的指标（需要查表确定，如果在 2 左右则可以确认不存在一阶自相关）；

Mean dependent var 是被解释变量的均值；

S. D. dependent var 是被解释变量的标准差；

Akaike info criterion 赤池信息准则；

Schwarz criterion 施瓦茨准则是用来确定最优滞后期的指标（初学者暂时用不上）；

F-statistic 是 F 统计量，是检验方程整体显著性的指标；

Prob（F-statistic）是 F 统计量的伴随概率，如果小于 0.05 表明所有的待估参数不全为零，或者说至少有一个参数不为零。

上述估计方程的表格形式可以写成一般形式：

$$M = -4\,718.1 + 27.685Y + 1.04i$$

$$(-5.27) \quad (10.65) \quad (25.88)$$

$R^2 = 0.995$　D. W = 0.7　S. E = 2 676.2　F = 5 279.9　T = 55

（括号中的数字表示参数估计值对应的 t 统计量）

可以对图 2－13 的结果进行保存，点击图 2－13 工具栏下命令窗口的“Name”，出现图 2－14 所示界面：

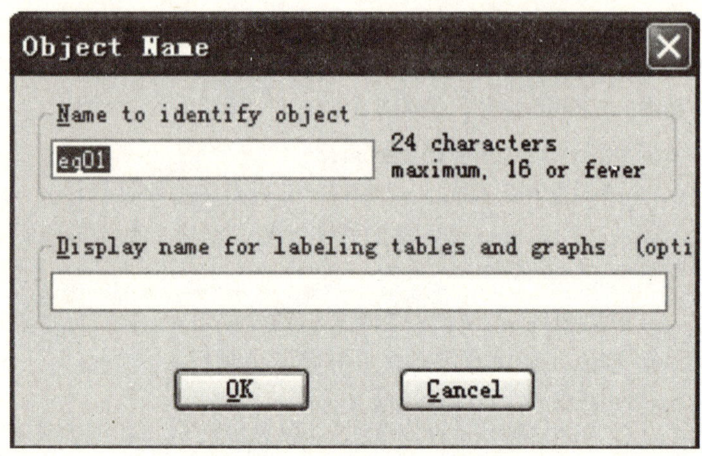

图 2－14 方程回归结果的命名

直接点击“OK”，估计的方程结果就保存在以“eq01”命名的文件里面。如图 2－15 所示：

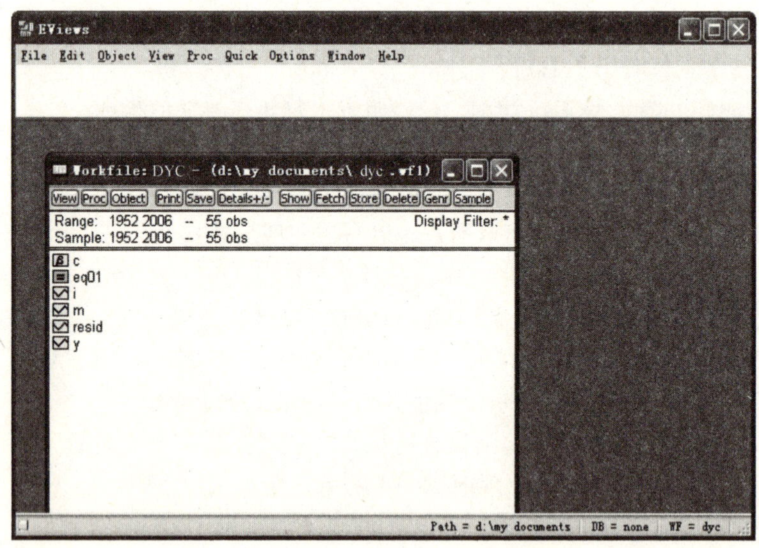

图 2－15 保存方程后的工作文件窗口

要想看刚才保存的方程，直接点击上图中的“eq01”即可。

在图 2－13 窗口下，点击“View”，出现下拉菜单，其中有一项是“Actual，Fitted，Residual”，点击后出现一个小菜单，里面“Actual，Fitted，Residual Table”和“Actual，Fitted，Residual Graph”两项最常用，表示的是实际值、拟合值和残差的表或图。分别点击这两项后会出现图 2－16 和图 2－17 所示的界面：

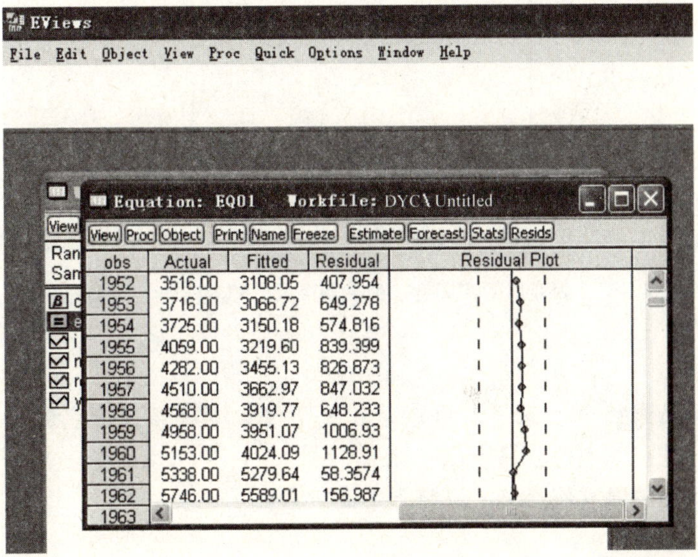

obs	Actual	Fitted	Residual
1952	3516.00	3108.05	407.954
1953	3716.00	3066.72	649.278
1954	3725.00	3150.18	574.816
1955	4059.00	3219.60	839.399
1956	4282.00	3455.13	826.873
1957	4510.00	3662.97	847.032
1958	4568.00	3919.77	648.233
1959	4958.00	3951.07	1006.93
1960	5153.00	4024.09	1128.91
1961	5338.00	5279.64	58.3574
1962	5746.00	5589.01	156.987
1963			

图 2－16　因变量的实际值、拟合值以及方程的残差（表格形式）

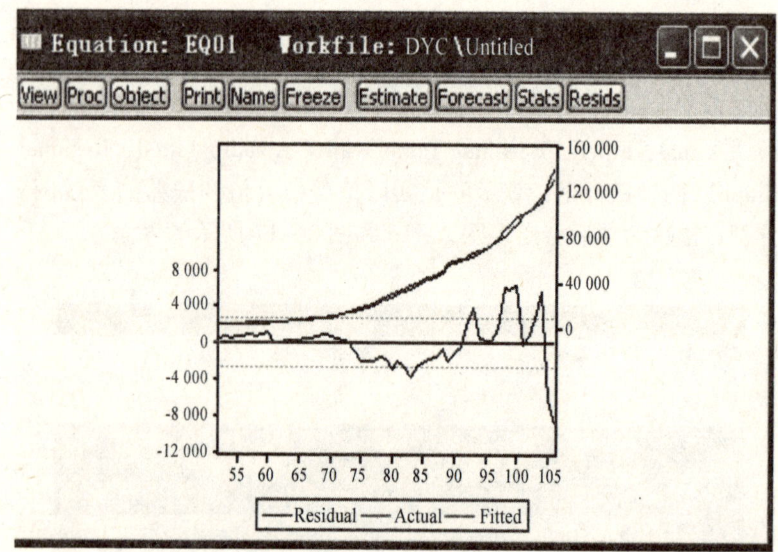

图 2－17　因变量的实际值、拟合值以及方程的残差（图形形式）

结果终于出来了，可以轻松一下了，喝杯茶，烧壶摩卡咖啡，吃点儿点心，马上回来！

路漫漫其修远兮，吾将上下而求索！

第三章　模型的检验

估计的模型要符合理论的前提假设。如果违反经典假设，会导致参数估计值不具有最小方差性，即丧失有效性；违反正态性的假设则会导致 t 统计量不服从 T 分布，t 检验失效……有关这些问题，可以去阅读任何一本计量经济学基础教程，本书只讲技法，不涉及基础理论。

如何判断是否符合假设呢？

稍作休息后，要继续我们的旅程才能领略“树木丛生，百草丰茂”的感觉。

上一章我们得到了估计结果如图 3－1 所示的方程窗口：

EViews - [Equation: UNTITLED　Workfile: DYC\Untitled]

File　Edit　Object　View　Proc　Quick　Options　Window　Help

View　Proc　Object　Print　Name　Freeze　Estimate　Forecast　Stats　Resids

Dependent Variable: M
Method: Least Squares
Date: 12/12/08　Time: 21:27
Sample: 1952 2006
Included observations: 55

Variable	Coefficient	Std. Error	t-Statistic	Prob.
C	-4718.111	895.4062	-5.269241	0.0000
Y	27.68500	2.599988	10.64813	0.0000
I	1.043279	0.040306	25.88414	0.0000

R-squared	0.995100	Mean dependent var	39217.38
Adjusted R-squared	0.994911	S.D. dependent var	37515.56
S.E. of regression	2676.167	Akaike info criterion	18.67516
Sum squared resid	3.72E+08	Schwarz criterion	18.78465
Log likelihood	-510.5669	F-statistic	5279.913
Durbin-Watson stat	0.699714	Prob(F-statistic)	0.000000

图 3－1　上一章的回归方程（即图 2－13）

上图只是初步的结果，模型的好坏还要经过检验和判断。

第一节　检验的步骤和过程

对模型的检验包括这几项：正态性检验、多重共线性检验、自相关检验、异方差检验。

在图 3－1 窗口下，点击“View”，出现下拉菜单，其中有一项“Residual Tests”，将鼠标放到这个位置，出现下拉菜单。如

图3－2所示：

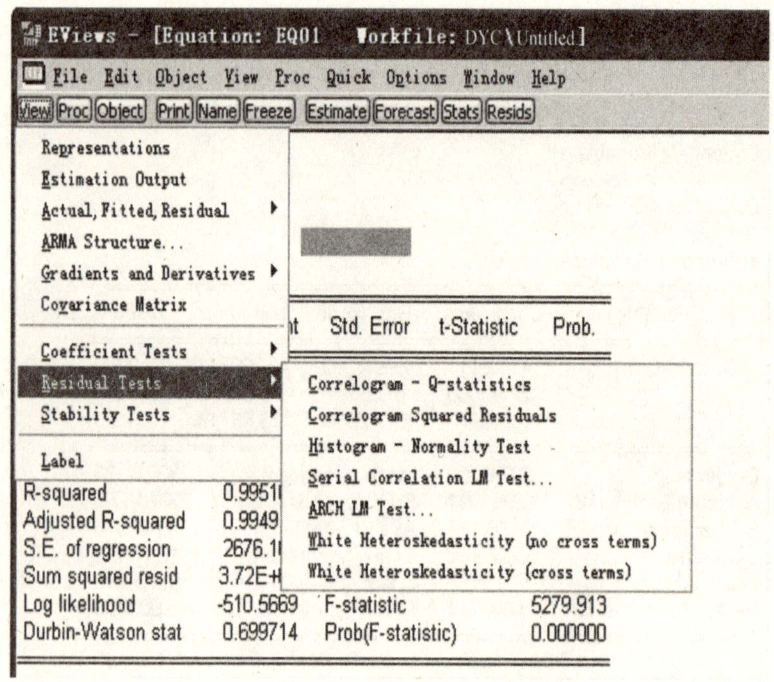

图 3－2　回归方程的残差检验

最后一个下拉菜单中涉及要检验内容的有这几项：

（1）“Histogram – Normality Test”（正态性检验）；

（2）“Serial Correlation LM Test. . . ”（序列自相关的 LM 检验）；

（3）“ARCH LM Test. . . ”（自回归条件异方差检验）；

（4）“White Heteroskedasticity（no cross terms）”（不带交叉项的 White 异方差检验）；

（5）“White Heteroskedasticity（cross terms）”（带交叉项的 White 异方差检验）。

我们首先做正态性检验，用鼠标左键单击“Histogram-Normality Test”，出现下面的图 3－3：

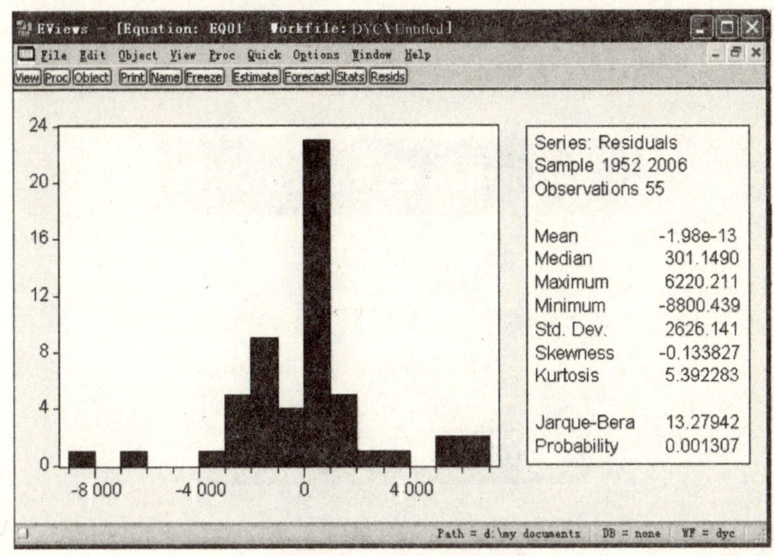

图 3－3　残差的正态性检验

我们看图形右侧的指标，将“Jarque-Bera”项的伴随概率“Probability”与显著水平 0.05 比较，如果其大于 0.05 则表明随机扰动项是正态的假设成立，否则表明正态性假设不成立。现在结果是 0.001307，小于 0.05，得到随机扰动项是非正态的结论。

JB 统计量用来检验序列是否为正态分布，统计量的计算由下式给出：

$$JB=\frac{T-k}{6}\left[S^2+\frac{1}{4}(K-3)^2\right]\sim x^2(2)$$

这里 T 指数据的个数。对于一个正常的序列，k 值取零；如果该序列是某一回归方程的残差序列，则 k 是解释变量的个数，

S 是偏度，K 是峰度。在原假设（该序列服从正态分布）成立的情况下，JB 统计量服从自由度为 2 的 x^2 分布。

继续做其他假设的检验，还是点击“View”，然后点击下拉菜单中的“Residual Tests”，再点击“Serial Correlation LM Test...”做自相关检验，结果如图 3－4 所示：

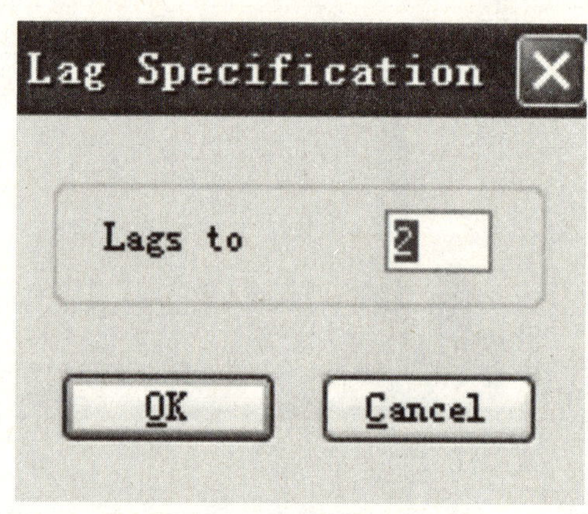

图 3－4　自相关的滞后期

图 3－4 中间做几阶自相关检验，一般来说，是做一阶和二阶自相关检验。如果是做一阶自相关检验，就在空白处输入“1”，而图 3－4 空白处输入的是“2”，则表明是要做二阶自相关检验。输入数据后，点击“OK”，一阶自相关和二阶自相关检验结果分别如图 3－5 和图 3－6 所示：

EViews - [Equation: EQ01 Workfile: DYC\Untitled]

File Edit Object View Proc Quick Options Window Help

View Proc Object Print Name Freeze Estimate Forecast Stats Resids

Breusch-Godfrey Serial Correlation LM Test:

F-statistic	38.57125	Probability	0.000000
Obs*R-squared	23.68415	Probability	0.000001

Test Equation:
Dependent Variable: RESID
Method: Least Squares
Date: 12/13/08 Time: 15:22
Presample missing value lagged residuals set to zero.

Variable	Coefficient	Std. Error	t-Statistic	Prob.
C	-610.2459	689.2800	-0.885338	0.3801
Y	3.246010	2.048806	1.584342	0.1193
I	-0.064732	0.032431	-1.995994	0.0513
RESID(-1)	0.788770	0.127004	6.210575	0.0000

R-squared	0.430621	Mean dependent var	-1.98E-13
Adjusted R-squared	0.397128	S.D. dependent var	2626.141
S.E. of regression	2039.063	Akaike info criterion	18.14832
Sum squared resid	2.12E+08	Schwarz criterion	18.29430
Log likelihood	-495.0787	F-statistic	12.85708
Durbin-Watson stat	1.940836	Prob(F-statistic)	0.000002

图 3－5　一阶自相关的检验结果

EViews - [Equation: EQ01 Workfile: DYC\Untitled]

File Edit Object View Proc Quick Options Window Help

View Proc Object Print Name Freeze Estimate Forecast Stats Resids

Breusch-Godfrey Serial Correlation LM Test:

F-statistic	18.90882	Probability	0.000001
Obs*R-squared	23.68511	Probability	0.000007

Test Equation:
Dependent Variable: RESID
Method: Least Squares
Date: 12/13/08 Time: 15:19
Presample missing value lagged residuals set to zero.

Variable	Coefficient	Std. Error	t-Statistic	Prob.
C	-599.9282	744.3170	-0.806012	0.4241
Y	3.192584	2.478426	1.288150	0.2036
I	-0.063689	0.042218	-1.508562	0.1377
RESID(-1)	0.791209	0.142589	5.548888	0.0000
RESID(-2)	-0.007981	0.203791	-0.039161	0.9689

R-squared	0.430638	Mean dependent var	-1.98E-13
Adjusted R-squared	0.385089	S.D. dependent var	2626.141
S.E. of regression	2059.321	Akaike info criterion	18.18465
Sum squared resid	2.12E+08	Schwarz criterion	18.36713
Log likelihood	-495.0778	F-statistic	9.454410
Durbin-Watson stat	1.946124	Prob(F-statistic)	0.000009

图 3－6　二阶自相关的检验结果

二阶自相关和一阶自相关相比较，除多了一项“RESID（－2）”外，检验方法相同。就是要看“Obs * R-squared”项后面对应的伴随概率与 0.05 的显著水平比较的结果，如果大于 0.05 就表明接受不存在（一阶或者二阶）自相关的原假设，反之则表明存在（一阶或者二阶）自相关。现在的结果是 0.000 001 小于 0.05，0.000 007 小于 0.05，说明不仅存在一阶自相关，还存在二阶自相关。

自相关的问题先放在这儿，现在做异方差检验。同样步骤，点击“White Heteroskedasticity (no cross terms)”（不带交叉项的White异方差检验)、“White Heteroskedasticity (cross terms)”（带交叉项的White异方差检验)，结果分别如图3-7和图3-8所示：

EViews - [Equation: EQ01 Workfile: DYC\Untitled]

File Edit Object View Proc Quick Options Window Help

View Proc Object Print Name Freeze Estimate Forecast Stats Resids

White Heteroskedasticity Test:

F-statistic	22.20527	Probability	0.000000
Obs*R-squared	35.19033	Probability	0.000000

Test Equation:
Dependent Variable: RESID^2
Method: Least Squares
Date: 12/13/08 Time: 18:15
Sample: 1952 2006
Included observations: 55

Variable	Coefficient	Std. Error	t-Statistic	Prob.
C	-6544367.	6546703.	-0.999643	0.3223
Y	50383.08	32080.04	1.570543	0.1226
Y^2	-14.78637	21.84351	-0.676923	0.5016
I	-1137.744	509.0423	-2.235067	0.0299
I^2	0.013831	0.003980	3.475506	0.0011

R-squared	0.639824	Mean dependent var	6771224.
Adjusted R-squared	0.611010	S.D. dependent var	14321773
S.E. of regression	8932354.	Akaike info criterion	34.93477
Sum squared resid	3.99E+15	Schwarz criterion	35.11725
Log likelihood	-955.7061	F-statistic	22.20527
Durbin-Watson stat	1.267642	Prob(F-statistic)	0.000000

图3-7 异方差的White检验（不包含交叉乘积项）

EViews - [Equation: EQ01 Workfile: DYC\Untitled]

File Edit Object View Proc Quick Options Window Help

View Proc Object Print Name Freeze Estimate Forecast Stats Resids

White Heteroskedasticity Test:

F-statistic	21.81321	Probability	0.000000
Obs*R-squared	37.95017	Probability	0.000000

Test Equation:
Dependent Variable: RESID^2
Method: Least Squares
Date: 12/13/08 Time: 18:07
Sample: 1952 2006
Included observations: 55

Variable	Coefficient	Std. Error	t-Statistic	Prob.
C	-33470733	11360088	-2.946345	0.0049
Y	266642.0	82463.65	3.233449	0.0022
Y^2	-312.7055	107.7462	-2.902243	0.0055
Y*I	9.289825	3.298586	2.816305	0.0070
I	-5312.617	1557.263	-3.411510	0.0013
I^2	-0.045255	0.021309	-2.123749	0.0388

R-squared	0.690003	Mean dependent var	6771224.
Adjusted R-squared	0.658371	S.D. dependent var	14321773
S.E. of regression	8370942.	Akaike info criterion	34.82110
Sum squared resid	3.43E+15	Schwarz criterion	35.04008
Log likelihood	-951.5803	F-statistic	21.81321
Durbin-Watson stat	1.309673	Prob(F-statistic)	0.000000

图 3－8　异方差的 White 检验（包含交叉乘积项）

White 方法检验异方差就是要将“Obs * R-squared”项后面对应的伴随概率与 0.05 的显著水平比较，如果大于 0.05 就表明接受同方差的原假设，反之则表明存在异方差。现在的结果是 0.000 000，小于 0.05，说明存在异方差。

没有交叉乘积项和有交叉乘积项的区别就在于后者的辅助回归式多了一项 Y * I（如图 3－8 所示），但不影响检验结果。没有交叉乘积项和有交叉乘积项的检验结果都接受存在异方差问题的备择假设。

第二节　违反假设条件的处理

现在的问题是，用 1952—2006 年的样本数据回归一个$\frac{M_d}{P}=\beta_0+\beta_1 Y+\beta_2 i+u$模型，这个模型既存在自相关，又存在异方差，而且随机扰动项还不是正态分布。该如何处理呢?

一个模型包含众多违反假设的问题，显而易见的原因是模型的设定不妥，我们回头思考经济理论：货币需求除受当期收入和利率的影响以外，还受上一期货币需求的影响，即所谓的惯性。同时，模型形式设定为对数（如何做对数运算，请看本章附录）线性的，这样考虑后，将模型修改为：

$$\ln M_t=\beta_0+\beta_1\ln Y_t+\beta_2\ln i_t+\beta_3\ln M_{t-1}+u_t$$

对含有滞后期的项的回归，就是在 Equation Estimation 窗口中最大空白处输入 lnm、c、lny、ln$i$ 和 lnm（−1）（注意 lnm（−1）表示 lnm 的滞后一期是 EViews 软件的固定用法），如图 3－9 所示：

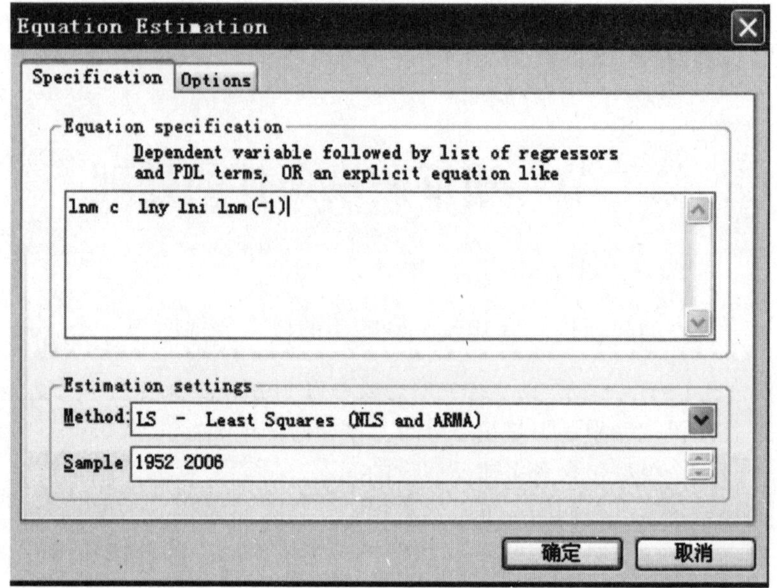

图 3－9　新模型变量在估计方程的输入

然后点击“确定”，结果如图 3－10 所示：

EViews - [Equation: UNTITLED Workfile: DYC\Untitled]

File Edit Object View Proc Quick Options Window Help

View Proc Object Print Name Freeze Estimate Forecast Stats Resids

Dependent Variable: LNM
Method: Least Squares
Date: 12/13/08 Time: 18:34
Sample (adjusted): 1953 2006
Included observations: 54 after adjustments

Variable	Coefficient	Std. Error	t-Statistic	Prob.
C	0.201641	0.039798	5.066609	0.0000
LNY	0.100455	0.043183	2.326244	0.0241
LNI	0.153937	0.034781	4.425864	0.0001
LNM(-1)	0.776324	0.057200	13.57212	0.0000

R-squared	0.999599	Mean dependent var	10.03606
Adjusted R-squared	0.999575	S.D. dependent var	1.155384
S.E. of regression	0.023830	Akaike info criterion	-4.564587
Sum squared resid	0.028393	Schwarz criterion	-4.417255
Log likelihood	127.2438	F-statistic	41514.37
Durbin-Watson stat	1.676298	Prob(F-statistic)	0.000000

图 3－10　新模型的回归结果

再对这个回归结果的残差进行正态性检验，如图 3－11 所示：

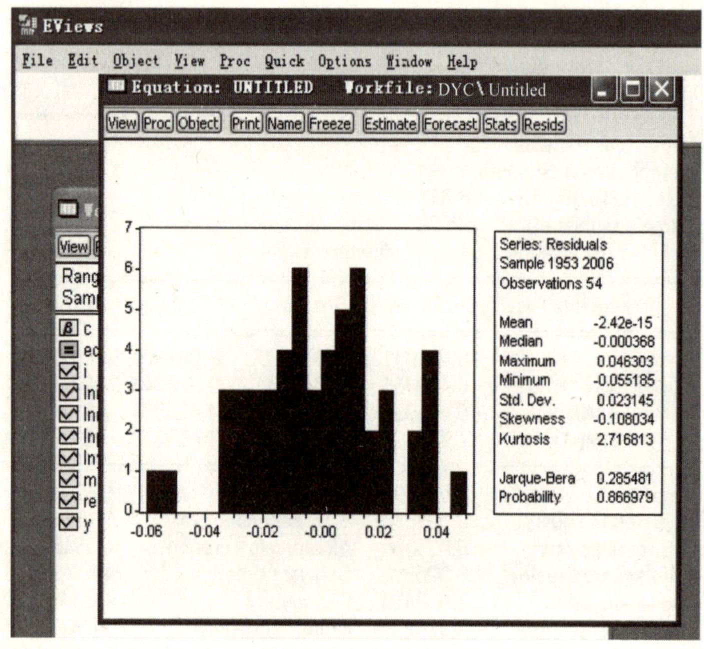

图 3－11　新模型回归结果的残差正态性检验

图中“Jarque-Bera”项的伴随概率“Probability”大于显著水平 0.05，表明随机扰动项正态性假设成立。

继续做自相关检验，一阶和二阶自相关结果分别为图 3－12 和图 3－13：

EViews - [Equation: UNTITLED Workfile: DYC\Untitled]

File Edit Object View Proc Quick Options Window Help

View Proc Object Print Name Freeze Estimate Forecast Stats Resids

Breusch-Godfrey Serial Correlation LM Test:

F-statistic	1.212985	Probability	0.276123
Obs*R-squared	1.304467	Probability	0.253399

Test Equation:
Dependent Variable: RESID
Method: Least Squares
Date: 12/13/08 Time: 18:43
Presample missing value lagged residuals set to zero.

Variable	Coefficient	Std. Error	t-Statistic	Prob.
C	0.005707	0.040050	0.142485	0.8873
LNY	0.002388	0.043146	0.055352	0.9561
LNI	0.004989	0.035002	0.142532	0.8872
LNM(-1)	-0.006845	0.057416	-0.119217	0.9056
RESID(-1)	0.158497	0.143911	1.101356	0.2761

R-squared	0.024157	Mean dependent var	-2.42E-15
Adjusted R-squared	-0.055504	S.D. dependent var	0.023145
S.E. of regression	0.023779	Akaike info criterion	-4.552003
Sum squared resid	0.027707	Schwarz criterion	-4.367838
Log likelihood	127.9041	F-statistic	0.303246
Durbin-Watson stat	1.991438	Prob(F-statistic)	0.874401

图 3－12　新模型回归结果的一阶自相关检验

EViews - [Equation: UNTITLED Workfile: DYC\Untitled]

File Edit Object View Proc Quick Options Window Help

View Proc Object Print Name Freeze Estimate Forecast Stats Resids

Breusch-Godfrey Serial Correlation LM Test:

F-statistic	0.594812	Probability	0.555681
Obs*R-squared	1.305960	Probability	0.520492

Test Equation:
Dependent Variable: RESID
Method: Least Squares
Date: 12/13/08 Time: 18:43
Presample missing value lagged residuals set to zero.

Variable	Coefficient	Std. Error	t-Statistic	Prob.
C	0.005730	0.040470	0.141593	0.8880
LNY	0.002780	0.044868	0.061960	0.9509
LNI	0.005242	0.036022	0.145513	0.8849
LNM(-1)	-0.007335	0.059511	-0.123252	0.9024
RESID(-1)	0.159353	0.147238	1.082277	0.2845
RESID(-2)	-0.005567	0.150931	-0.036886	0.9707

R-squared	0.024184	Mean dependent var	-2.42E-15
Adjusted R-squared	-0.077463	S.D. dependent var	0.023145
S.E. of regression	0.024025	Akaike info criterion	-4.514994
Sum squared resid	0.027706	Schwarz criterion	-4.293996
Log likelihood	127.9048	F-statistic	0.237925
Durbin-Watson stat	1.992256	Prob(F-statistic)	0.943785

图 3－13　新模型回归结果的二阶自相关检验

由图可见，一阶和二阶自相关“Obs* R-squared”项后面对应的伴随概率都大于 0.05 的显著水平，因此不存在一阶和二阶自相关。

再做异方差检验，没有交叉乘积项和有交叉乘积项的 White 检验结果如图 3－14 和图 3－15 所示：

EViews - [Equation: UNTITLED Workfile: DYC\Untitled]

File Edit Object View Proc Quick Options Window Help

View Proc Object Print Name Freeze Estimate Forecast Stats Resids

White Heteroskedasticity Test:

F-statistic	1.274847	Probability	0.287082
Obs*R-squared	7.558230	Probability	0.272287

Test Equation:
Dependent Variable: RESID^2
Method: Least Squares
Date: 12/13/08 Time: 18:47
Sample: 1953 2006
Included observations: 54

Variable	Coefficient	Std. Error	t-Statistic	Prob.
C	0.012211	0.018768	0.650611	0.5185
LNY	0.014207	0.015034	0.944986	0.3495
LNY^2	-0.000954	0.001226	-0.778337	0.4403
LNI	0.006897	0.008012	0.860827	0.3937
LNI^2	-0.000296	0.000444	-0.666302	0.5085
LNM(-1)	-0.017714	0.014931	-1.186388	0.2414
LNM(-1)^2	0.000749	0.000767	0.975870	0.3341

R-squared	0.139967	Mean dependent var	0.000526
Adjusted R-squared	0.030176	S.D. dependent var	0.000695
S.E. of regression	0.000685	Akaike info criterion	-11.61440
Sum squared resid	2.20E-05	Schwarz criterion	-11.35657
Log likelihood	320.5889	F-statistic	1.274847
Durbin-Watson stat	2.442551	Prob(F-statistic)	0.287082

图 3－14 新模型回归结果的异方差检验（不含交叉项）

EViews - [Equation: UNTITLED Workfile: DYC\Untitled]
File Edit Object View Proc Quick Options Window Help
View Proc Object Print Name Freeze Estimate Forecast Stats Resids

White Heteroskedasticity Test:

F-statistic	1.031379	Probability	0.427130
Obs*R-squared	8.367084	Probability	0.398458

Test Equation:
Dependent Variable: RESID^2
Method: Least Squares
Date: 12/13/08 Time: 18:50
Sample: 1953 2006
Included observations: 54

Variable	Coefficient	Std. Error	t-Statistic	Prob.
C	0.007974	0.019566	0.407536	0.6855
LNY	0.013777	0.015686	0.878287	0.3845
LNY^2	0.001883	0.008620	0.218425	0.8281
LNY*LNI	0.009706	0.012683	0.765249	0.4481
LNY*LNM(-1)	-0.012831	0.016119	-0.795990	0.4302
LNI	-0.014398	0.025278	-0.569570	0.5718
LNI^2	-0.006504	0.006735	-0.965632	0.3394
LNI*LNM(-1)	0.007832	0.008395	0.932990	0.3558
LNM(-1)	0.003810	0.027770	0.137179	0.8915

R-squared	0.154946	Mean dependent var	0.000526
Adjusted R-squared	0.004714	S.D. dependent var	0.000695
S.E. of regression	0.000694	Akaike info criterion	-11.55790
Sum squared resid	2.17E-05	Schwarz criterion	-11.22640
Log likelihood	321.0633	F-statistic	1.031379
Durbin-Watson stat	2.435487	Prob(F-statistic)	0.427130

图 3－15　新模型回归结果的异方差检验（含交叉项）

没有交叉乘积项和有交叉乘积项的 White 检验结果“Obs* R-squared”项后面对应的伴随概率（0.272 287 和 0.398 458）都大于 0.05，说明不存在异方差。

所以上述检验完成后，最后的结果应该如图 3－16 所示：

EViews - [Equation: UNTITLED Workfile: DYC\Untitled]
File Edit Object View Proc Quick Options Window Help
View Proc Object Print Name Freeze Estimate Forecast Stats Resids

Dependent Variable: LNM
Method: Least Squares
Date: 12/13/08 Time: 18:34
Sample (adjusted): 1953 2006
Included observations: 54 after adjustments

Variable	Coefficient	Std. Error	t-Statistic	Prob.
C	0.201641	0.039798	5.066609	0.0000
LNY	0.100455	0.043183	2.326244	0.0241
LNI	0.153937	0.034781	4.425864	0.0001
LNM(-1)	0.776324	0.057200	13.57212	0.0000

R-squared	0.999599	Mean dependent var	10.03606
Adjusted R-squared	0.999575	S.D. dependent var	1.155384
S.E. of regression	0.023830	Akaike info criterion	-4.564587
Sum squared resid	0.028393	Schwarz criterion	-4.417255
Log likelihood	127.2438	F-statistic	41514.37
Durbin-Watson stat	1.676298	Prob(F-statistic)	0.000000

图 3－16　不违反假设条件的模型回归最后结果

标准的方程写法为：

$$\ln M_t = 0.2 + 0.1 \ln Y_t + 0.15 \ln i_t + 0.78 \ln M_{t-1}$$

$$(5.07)\ (2.33)\qquad (4.43)\qquad (13.57)$$

（括号中为 t 统计量，应该和方程的估计参数上下一一对应）

$R^2 = 0.9996$　D.W = 1.68　F = 41 514　T = 54

本章附录

1. 如何做对数运算

对变量取对数的 EViews 运算过程如下：

文件窗口如附录图 3－1 所示：

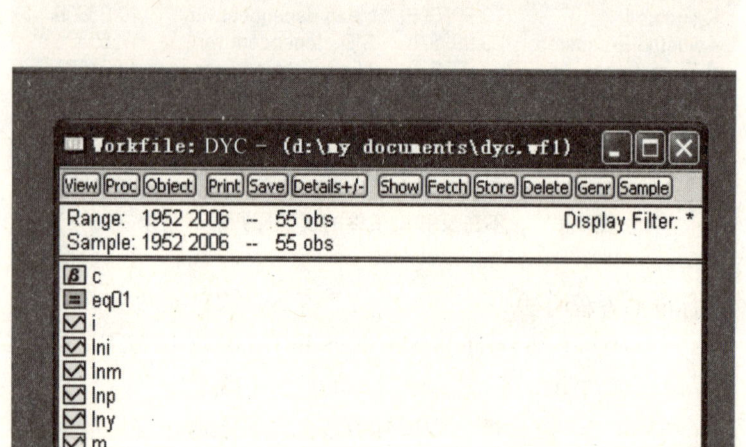

附录图 3－1　工作文件窗口

在这个窗口中点击主页面下的“Quick”，出现下拉菜单如附录图 3－2 所示：

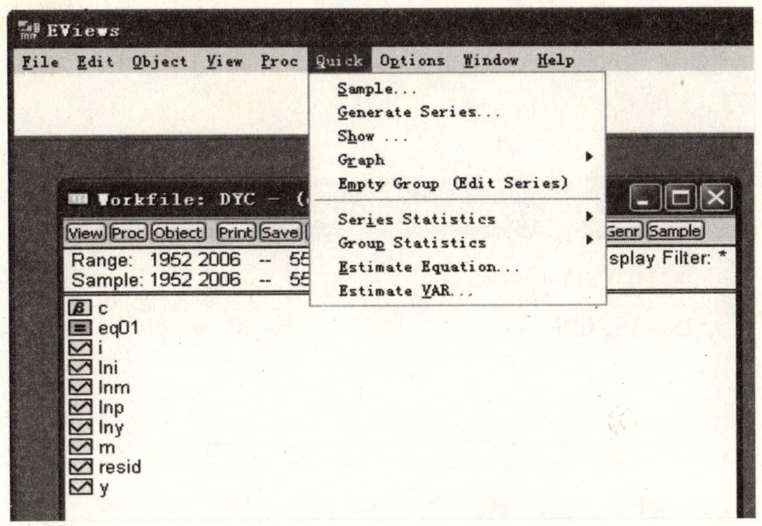

附录图 3－2　主页面的有关计算命令

点击第二行的“Generate Series...”，出现如附录图 3－3 所示的对话窗口：

附录图 3－3　变量的计算窗口

在光标闪动处输入 ln$M$ = log（M），其意思就是将等号右边对变量 M 取对数计算的结果保存在名称是 ln$M$ 的变量下。如附录图 3－4 所示。

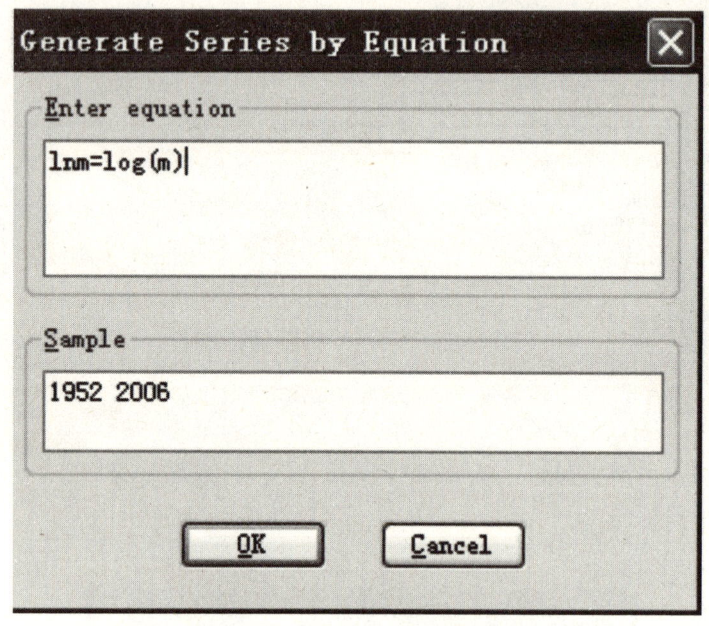

附录图 3－4　对数计算的输入方法

然后点击“OK”。依此类推，计算 ln$Y$ = log（Y）、ln$i$ = log（i），最后显示结果如附录图 3－5 所示：

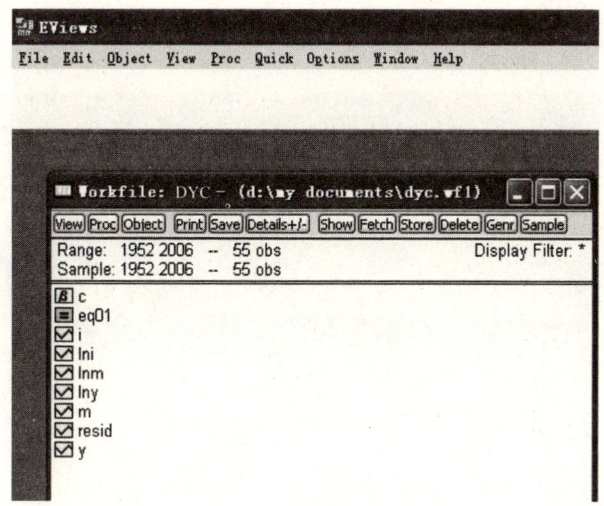

附录图 3 -5　对数计算后的工作文件窗口

这样在文件窗口下就有了 ln$m$、ln$y$、ln$i$ 三个变量，可以打开这三个变量，如附录图 3 -6 所示：

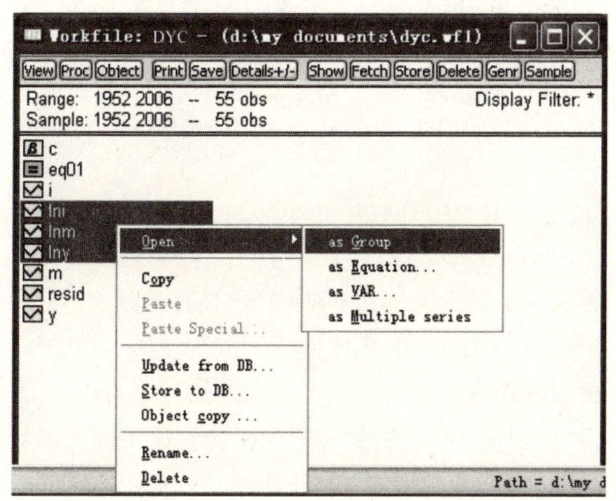

附录图 3 -6　打开对数运算后的变量的命令

结果显示数据组窗口如附录图 3－7 所示：

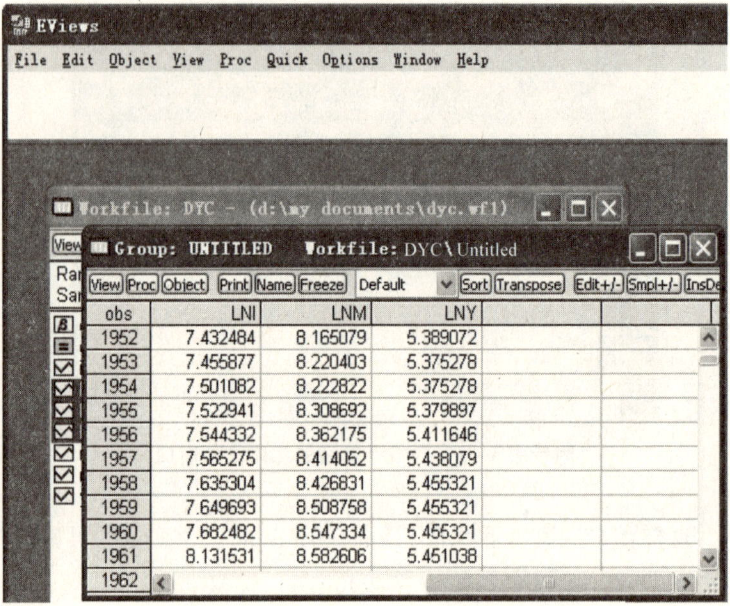
EViews
File Edit Object View Proc Quick Options Window Help
Workfile: DYC - (d:\my documents\dyc.wf1)
Group: UNTITLED Workfile: DYC\Untitled
View Proc Object Print Name Freeze Default Sort Transpose Edit+/- Smpl+/- InsDe
obs LNI LNM LNY
1952 7.432484 8.165079 5.389072
1953 7.455877 8.220403 5.375278
1954 7.501082 8.222822 5.375278
1955 7.522941 8.308692 5.379897
1956 7.544332 8.362175 5.411646
1957 7.565275 8.414052 5.438079
1958 7.635304 8.426831 5.455321
1959 7.649693 8.508758 5.455321
1960 7.682482 8.547334 5.455321
1961 8.131531 8.582606 5.451038
1962

附录图 3－7　对数运算后的数据组窗口

到此为止，我们做出了一个经典回归模型，并且经过了各项假设检验，结果表明所有的经典假设都成立，模型的最后结果为：

$$\ln M_t = 0.2 + 0.1\ \ln Y_t + 0.15\ \ln i_t + 0.78\ \ln M_{t-1}$$

$$(5.07)\,(2.33)\qquad(4.43)\qquad(13.57)$$

（括号中为 t 统计量，应该和方程的估计参数上下一一对应）

$$R^2 = 0.999\,6 \quad D.W = 1.68 \quad F = 41\,514 \quad T = 54$$

2. 生成新序列

用公式生成新序列，首先在工作文件窗口中的工具栏中点击 Genr 功能键，之后在弹出的对话框中输入公式表达式（如附录图 3－3 和 3－4 所示）。先输入所要生成的序列的名字，再输入等号

“=”及描述生成新序列的公式。点 OK 键以后，等号左边新序列的名字立即显示在工作文件窗口的对象目录中，此时新序列已经生成。

最常用的运算符号及其功能如附录表 3－1 所示。

附录表 3－1　　运算符号及其含义

运算符号	功　能
+	加
-	减
*	乘
/	除
^	乘方
>	大于。如果 X > Y，则 X > Y 的值为 1，否则为 0。
<	小于。如果 X < Y，则 X < Y 的值为 1，否则为 0。
=	等于。如果 X = Y，则 X = Y 的值为 1，否则为 0。
< >	不等于。如果 X≠Y，则 X < > Y 的值为 1，否则为 0。
< =	小于等于。如果 X 小于等于 Y，则 X < = Y 的值为 1，否则为 0。
> =	大于等于。如果 X 大于等于 Y，则 X > = Y 的值为 1，否则为 0。
AND	“与”逻辑。如果 X 和 Y 都不为零，则 X AND Y 的值为 1。
OR	“或”逻辑。如果 X 或 Y 不为零，则 X OR Y 的值为 1。
D（X）	X 的一阶差分，即 X－X（－1）。
D（X，n）	X 的第 n 次一阶差分，即 $(1-L)^n X$。其中 L 是后滞算子。

（续上表）

运算符号	功能
D（X，n，s）	X 的 n 次一阶差分和一次 s 阶差分，即 $(1-L)^n(1-L^s)X$。
LOG（X）	对 X 取自然对数。
DLOG（X）	对 X 取自然对数后做一阶差分。LOG（X） – LOG（X（–1））。
DLOG（X，n）	对 X 取自然对数后，做 n 次一阶差分，即 $(1-L)^n$ LOG（X）。
DLOG（X，n，s）	对 X 取自然对数后，做 n 次一阶差分和一次 s 阶差分，即 $(1-L)^n(1-L^s)$ LOG（X）。
EXP（X）	对 X 取指数变换。
ABS（X）	对 X 取绝对值变换。
SQR（X）	对 X 取平方根变换。
SIN（X）	对 X 取正弦变换。
COS（X）	对 X 取余弦变换。
@ASIN（X）	对 X 取反正弦变换。
@ACOS（X）	对 X 取反余弦变换。
RND	生成 0～1 间均匀分布的随机数。
NRND	生成均值为零，方差为 1 的标准正态分布随机数。
@PCH（X）	生成相对变化或增长率序列。[X–X（–1）]/X(–1)。
@INV（X）	对 X 取倒数。1/X。
@DNORM（X）	变 X 为标准正态密度函数。
@CNORM（X）	变 X 为累计正态分布函数。
@LOGIT（X）	对 X 进行 logistic 变换。
@FLOOR（X）	变换 X 为不大于 X 的最大整数。
@CEILING（X）	变换 X 为不小于 X 的最小整数。

3. @函数与应用

Eviews 软件有一组特殊函数以@开头。这些以@开头的函数可用来计算一个序列的描述性统计量的值或者最近一个回归方程的一些统计量的值。如附录表 3－2 所示。

附录表 3－2　　@函数及其含义

@函数	功　能
@SUM（X）	序列 X 的和。
@MEAN（X）	序列 X 的均值。
@VAR（X）	序列 X 的方差。
@SUMSQ（X）	序列 X 的平方和。
@OBS（X）	序列 X 中有效观测值个数。
@COV（X，Y）	序列 X 和序列 Y 的协方差。
@COR（X，Y）	序列 X 和序列 Y 的相关系数。
@CROSS（X，Y）	序列 X 和序列 Y 的交叉积。
@DNORM（X）	X 的标准正态密度函数。
@CNORM（X）	X 的标准累计正态分布函数。
@TDIST（X，d）	自由度为 d 时，大于 X 的 t 统计量的概率。
@FDIST（X，n，d）	分子、分母自由度分别为 n，d 时，大于 X 的 F 统计量的概率。
@CHISQ（X，d）	自由度为 d 时，大于 X 的 X^2 统计量的概率。
@R2	R2 统计量。
@RBAR2	调整的 R2 统计量。
@SE	回归函数的标准误差。
@SSR	残差平方和。
@DW	DW 统计量。
@F	F 统计量。
@LOGL	对数似然函数值。

（续上表）

@函数	功　能
@ REGOBS	回归函数中用到的观测值组数，即样本容量。
@ MEANDEP	被解释变量的均值。
@ SDDEP	被解释变量的标准差。
@ NCOEF	被估参数个数。
@ COVARIANCE（i，j）	回归参数 βi 和 βj 的协方差。
@ RESIDCOVA（i，j）	VAR 模型或系统方程中方程 i 和方程 j 的残差的协方差。
@ MOVAV（X，n）	X 的 n 期移动平均，其中 n 为整数。
@ MOVSUM（X，n）	X 的 n 期移动总和值，其中 n 为整数。
@ TREND（d）	生成以 d 期为零的时间趋势变量，其中 d 为日期（适用于时间序列数据）或观测值个数（适用于截面数据）。
@ SEAS（d）	季节虚拟变量，当季节或月份等于 d 时为 1，其余为 0。

如何做@ 函数运算，我们以上表前三行为例。回到附录图 3－3，在空白处输入“MH = @ sum（m）”，如附录图 3－8 所示。

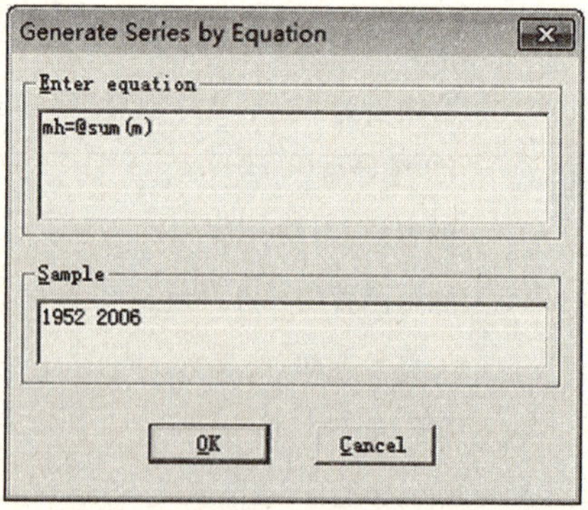

附录图 3－8　对变量 M 的@ 函数求和运算

然后点击“OK”，结果如附录图 3 -9 所示：

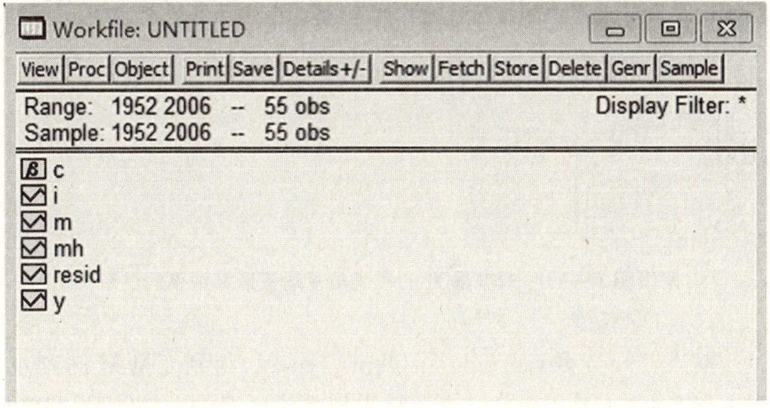

附录图 3 - 9　对变量 M 的@ 函数求和运算后保存的名称

双击上述图形中变量名称 MH，得到的结果如附录图 3 -10 所示：

Wor | Series: MH　Workfile: UNTITLED\Untitled

View Pro | View Proc Object Properties Print Name Freeze Default Sort Edit+/- Smpl+/- Lab

Range: Sample

c i m mh resic y

	MH
	Last updated: 06/05/13 - 18:05
	Modified: 1952 2006 // mh=@sum(m,"1952 2006")
1952	2156956.
1953	2156956.
1954	2156956.
1955	2156956.
1956	2156956.

附录图 3 - 10　对变量 M 的@ 函数求和运算后的结果显示

上述结果表明对变量 M 的求和运算，保存名称为“MH”，求和结果是 2 156 956。

依此类推，输入“mj = @ mean（m）”，点击“OK”，得到变量 M 的均值结果为 39 217. 38，如附录图 3 -11 所示。

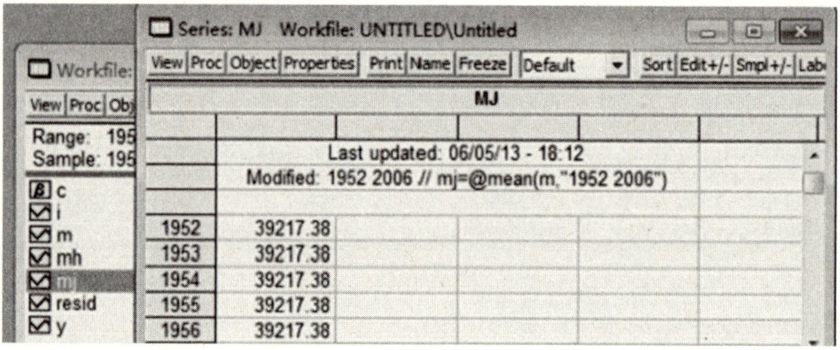

附录图 3 – 11　对变量 M 的@ 函数求均值运算结果的显示

输入“vm = @ var（m）”，点击“OK”，得到变量 M 的方差为 1. 38E +9（天文计数法或者科学技术法，表示 1 380 000 000；如果是 1. 38E –3 则表示为 0. 001 38），如附录图 3 –12 所示。

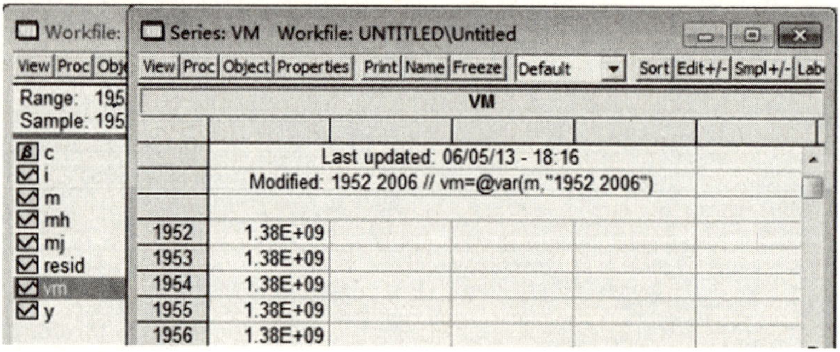

附录图 3 – 12　对变量 M 的@ 函数求方差运算结果的显示

上述变量名称“MH、MJ 和 VM”由运算者自己确定，只要不和 EViews 软件占有的变量名称冲突即可。你也可以尝试其他形式的@ 函数运算。

终于得到一个检验后符合原假设的模型！
曾识姮娥真体态，素面原无粉黛！

第四章　单位根检验

经典计量经济学理论是建立在时间序列平稳的基础上的，所假设的变量间的相关系数服从正态分布。现代计量经济学研究发现，大部分经济变量是非平稳的。用蒙特卡罗模拟方法分析非平稳时间序列的相关系数的分布情况，研究结果表明：当时间序列非平稳时，相关系数实际上服从的是倒 U 和 U 字形分布，因此增加了拒绝解释变量系数为零假设的概率，并且该概率随着样本容量和时间序列单整阶数的增加而增加。这样，就降低了检验的功效，增加了纳伪的可能性。也就是说，在大样本和较高单整阶数的条件下，随意检验本来独立的两个变量的相关系数的显著性，结论都是肯定的，直接结果是导致不相关的两个非平稳变量在相关系数的分布呈现倒 U 和 U 字形的情况下，被检验出两者具有相关关系。即是说，用非平稳变量进行回归分析，尤其在大样本和较高单整阶数的情况下，结论全部都是变量之间具有相关关系，将实际上不相关的两个非平稳变量用来回归分析，是一种虚假回归（伪回归）。所以，对非平稳变量间进行回归分析，首先应该考虑和检验变量的平稳性。

如果你对上述文字性表述有些不明白，没有关系，只需记住：

对变量必须做单位根检验！

酒困路长惟欲睡，日高人渴漫思茶！

第一节　单位根检验的过程

对于一个模型，比如 $\ln M = f(\ln Y, \ln i)$，先在软件里输入三个变量的数据：

打开 $\ln M$ 的数据窗口，结果如图 4－1 所示（所用数据请见第 76 页的数据附表 4－2）：

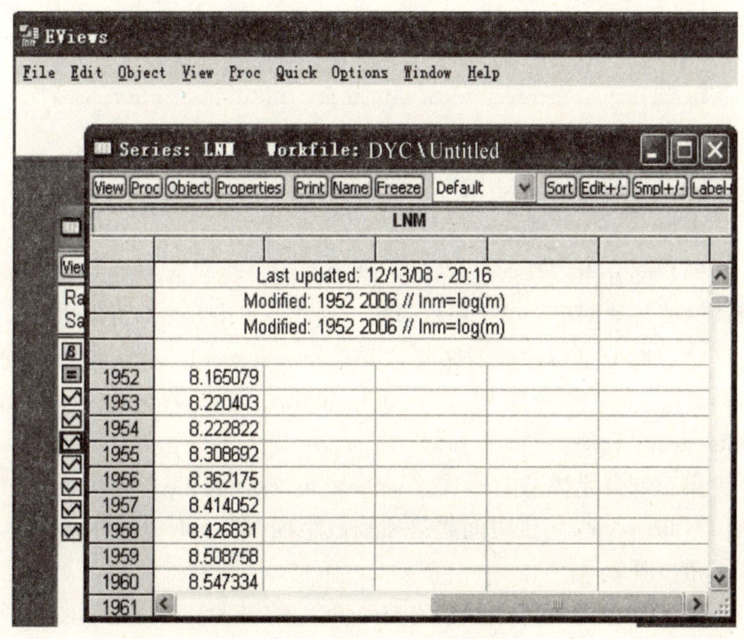

图 4－1　打开变量的数据窗口

上图数据窗口的左上角有一个“View”按钮，点击这个按钮，出现下拉菜单，下拉菜单有一项为“Unit root test ”（单位根检验），点击这个“Unit root test”，出现如图 4－2 所示的窗口：

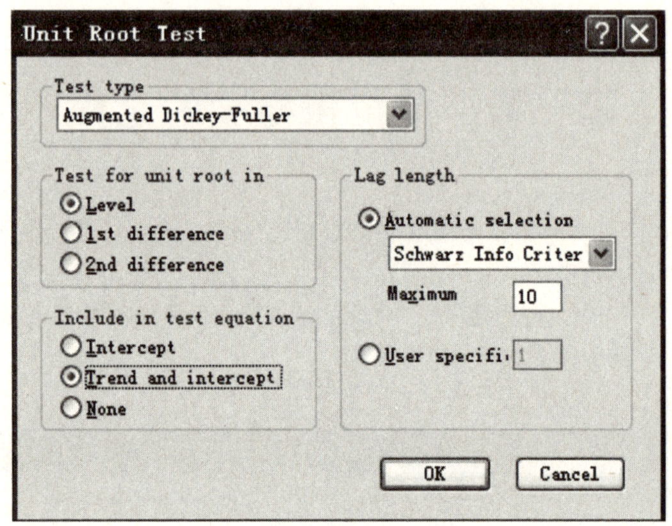

图 4－2　单位根检验窗口

窗口分为四个部分：

第一部分为“Test type”，是检验方法，我们常用的或者系统默认的就是“ADF”单位根检验法，这部分不用调整即可使用；

第二部分是所检验的序列“Test for unit root in”，包括原序列（Level）、一次差分序列（1st difference）、二次差分序列（2nd difference）三项；

第三部分是模型的形式“Include in test equation”，包括带截距项（Intercept）、带时间趋势项和截距项（Trend and intercept）、都不带（None）；

第四部分是滞后期（Lag length）的选择，包括自动选择“Automatic selection”和自己填充数据“User specifi”。

通常做法是：第一部分不用管；第二部分点击原序列“Level”前面的小圆圈，使其变为有“点”的（就是选择原序列作单位根）。

第三部分点击“Trend and intercept”前面的小圆圈，表明选择带时间趋势项和截距项的模型形式。

第四部分可以先选择点击“User specifi”前面的小圆圈，然后在“User specifi”后面的空白处填写“1”。然后点击“OK”，这样的检验结果如图 4－3 所示：

EViews - [Series: LNM Workfile: DYC\Untitled]

File Edit Object View Proc Quick Options Window Help

View Proc Object Properties Print Name Freeze Sample Genr Sheet Stats Ident Line

Augmented D

Null Hypothesis: LNM has a unit root
Exogenous: Constant, Linear Trend
Lag Length: 1 (Fixed)

		t-Statistic	Prob.*
Augmented Dickey-Fuller test statistic		-0.947245	0.9424
Test critical values:	1% level	-4.140858	
	5% level	-3.496960	
	10% level	-3.177579	

*MacKinnon (1996) one-sided p-values.

Augmented Dickey-Fuller Test Equation
Dependent Variable: D(LNM)
Method: Least Squares
Date: 12/13/08 Time: 20:41
Sample (adjusted): 1954 2006
Included observations: 53 after adjustments

Variable	Coefficient	Std. Error	t-Statistic	Prob.
LNM(-1)	-0.033140	0.034986	-0.947245	0.3482
D(LNM(-1))	0.360045	0.135003	2.666930	0.0103
C	0.309208	0.276540	1.118133	0.2690
@TREND(1952)	0.002337	0.002585	0.904121	0.3704

R-squared	0.135108	Mean dependent var	0.067364
Adjusted R-squared	0.082156	S.D. dependent var	0.027743
S.E. of regression	0.026579	Akaike info criterion	-4.344914
Sum squared resid	0.034616	Schwarz criterion	-4.196213
Log likelihood	119.1402	F-statistic	2.551492
Durbin-Watson stat	2.097635	Prob(F-statistic)	0.066274

图 4－3　第一次单位根检验结果

结果分为两部分，上面是单位根检验的结果，下面是检验方程的形式。

首先要看下面部分是否合适：

先看“Variable”这一列的“C”（就是截距项）和“@TREND（1952）”（就是时间趋势项）这两项的 Prob. 数值是否小于0.05（小于号成立则保留，然后看上面部分的单位根检验结果），现在结果是0.269 0 和0.370 4，都大于0.05，说明检验形式不对，需改变检验形式重来。

回到图4－2（重复前面最初开始的点击动作），只改变第三部分“Trend and intercept”为“Intercept”（就是点击它前面的小圆圈），其他不动。这样做的意思是由于两个 Prob. 值都大于0.05，但不是一次把两个都去掉，而是首先去掉趋势项“trend”，变为如图4－4 的窗口形式：

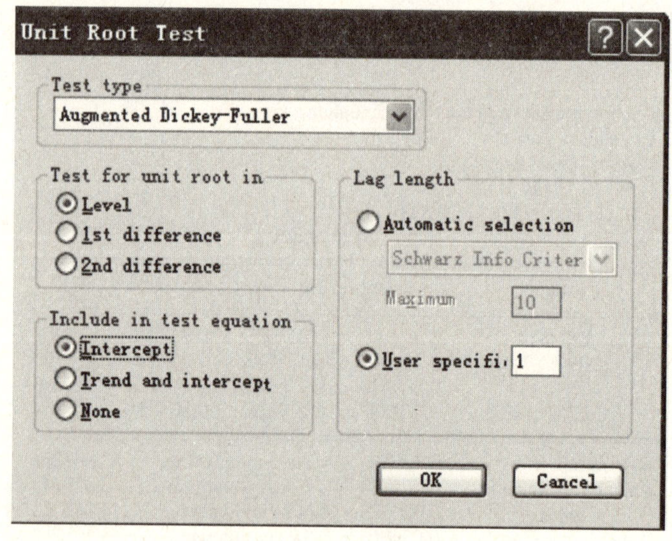

图4－4　单位根检验窗口

然后点击“OK”，结果如图4－5 所示：

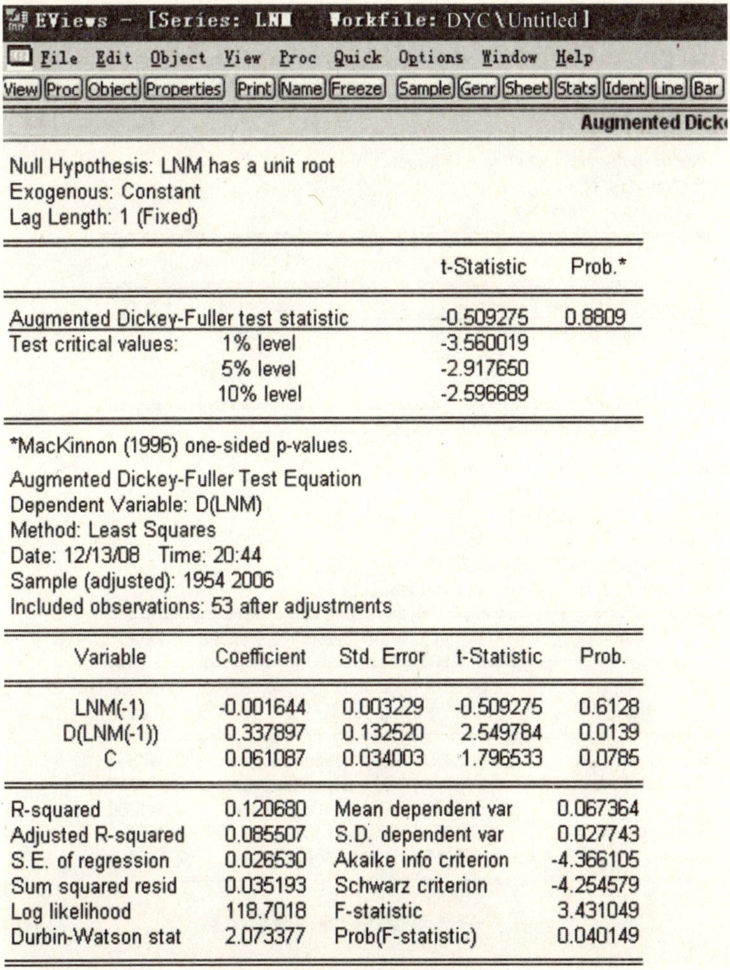

EViews - [Series: LNM Workfile: DYC\Untitled]

File Edit Object View Proc Quick Options Window Help

View Proc Object Properties Print Name Freeze Sample Genr Sheet Stats Ident Line Bar

Augmented Dick

Null Hypothesis: LNM has a unit root
Exogenous: Constant
Lag Length: 1 (Fixed)

		t-Statistic	Prob.*
Augmented Dickey-Fuller test statistic		-0.509275	0.8809
Test critical values:	1% level	-3.560019	
	5% level	-2.917650	
	10% level	-2.596689	

*MacKinnon (1996) one-sided p-values.

Augmented Dickey-Fuller Test Equation
Dependent Variable: D(LNM)
Method: Least Squares
Date: 12/13/08 Time: 20:44
Sample (adjusted): 1954 2006
Included observations: 53 after adjustments

Variable	Coefficient	Std. Error	t-Statistic	Prob.
LNM(-1)	-0.001644	0.003229	-0.509275	0.6128
D(LNM(-1))	0.337897	0.132520	2.549784	0.0139
C	0.061087	0.034003	1.796533	0.0785

R-squared	0.120680	Mean dependent var	0.067364
Adjusted R-squared	0.085507	S.D. dependent var	0.027743
S.E. of regression	0.026530	Akaike info criterion	-4.366105
Sum squared resid	0.035193	Schwarz criterion	-4.254579
Log likelihood	118.7018	F-statistic	3.431049
Durbin-Watson stat	2.073377	Prob(F-statistic)	0.040149

图 4－5 第二次单位根检验结果

还是首先看下面部分的“Variable”这一列的“C”（就是截距项）的 Prob. 数值是否小于 0.05。现在情况是 0.078 5 大于 0.05，所以还要剔除“C”。就是回到图 4－2 或者图 4－4，点击“None”前面的小圆圈，然后点击“OK”。结果如图 4－6 所示：

EViews - [Series: LNM Workfile: DYC\Untitled]
File Edit Object View Proc Quick Options Window Help
View Proc Object Properties Print Name Freeze Sample Genr Sheet Stats Ident Line Bar
Augmented Dick

Null Hypothesis: LNM has a unit root
Exogenous: None
Lag Length: 1 (Fixed)

		t-Statistic	Prob.*
Augmented Dickey-Fuller test statistic		4.198242	1.0000
Test critical values:	1% level	-2.609324	
	5% level	-1.947119	
	10% level	-1.612867	

*MacKinnon (1996) one-sided p-values.

Augmented Dickey-Fuller Test Equation
Dependent Variable: D(LNM)
Method: Least Squares
Date: 12/13/08 Time: 20:46
Sample (adjusted): 1954 2006
Included observations: 53 after adjustments

Variable	Coefficient	Std. Error	t-Statistic	Prob.
LNM(-1)	0.003919	0.000933	4.198242	0.0001
D(LNM(-1))	0.408359	0.129317	3.157805	0.0027

R-squared	0.063919	Mean dependent var	0.067364
Adjusted R-squared	0.045564	S.D. dependent var	0.027743
S.E. of regression	0.027104	Akaike info criterion	-4.341288
Sum squared resid	0.037465	Schwarz criterion	-4.266937
Log likelihood	117.0441	Durbin-Watson stat	2.126479

图 4-6　单位根检验的最后结果

到此为止，检验形式部分已经确定为最后形式了，就是说第三部分任务完成了。然后看第四部分，第四部分在最开始的时候空白处输入的是“1”，现在看这个“1”是否合适，即看检验结果下面部分的“Durbin-Watson stat”项的数值是否接近于 2（一般经验应该是在 1.8～2.1 之间），如果结果为“否”，须回到图 4-2或者图 4-4 的“User specifi”部分，将空白处的数据改为 2

（或3、4……这个数字一般很少超过3的），然后继续这样检测，直到答案为“是”。如果结果为“是”，则上图下面部分任务完成。

现在，要回头看上面部分，将“Augmented Dickey-Fuller test statistic”的数值与其下面的“5% critical value”的数值比较，现在的结果是4.198 242大于-1.947 119，说明检验的序列（现在检验的是原序列）是不平稳的，至少有一个单位根。否则，如果“Augmented Dickey-Fuller test statistic”的数值小于“5% critical value”的数值，则说明检验的序列是平稳的。现在的结论是原序列不平稳，至少有一个单位根，接下来就要再检验确定单位根到底有几个。回到图4-2或者图4-4：第一部分不用管；第二部分点击序列“1st difference”前面的小圆圈，使其变为有“点”的（就是选择一次差分作单位根）；第三部分点击“Trend and intercept”前面的小圆圈（就是选择带时间趋势项和截距项的模型形式）；第四部分可以先选择在空白处填写1。然后点击“OK”，这样的检验结果如图4-7所示：

EViews - [Series: LNM Workfile: DYC\Untitled]

File Edit Object View Proc Quick Options Window Help

View Proc Object Properties Print Name Freeze Sample Genr Sheet Stats Ident Line Bar

Augmented Dickey

Null Hypothesis: D(LNM) has a unit root
Exogenous: Constant, Linear Trend
Lag Length: 1 (Fixed)

		t-Statistic	Prob.*
Augmented Dickey-Fuller test statistic		-3.656034	0.0346
Test critical values:	1% level	-4.144584	
	5% level	-3.498692	
	10% level	-3.178578	

*MacKinnon (1996) one-sided p-values.

Augmented Dickey-Fuller Test Equation
Dependent Variable: D(LNM,2)
Method: Least Squares
Date: 12/13/08 Time: 20:54
Sample (adjusted): 1955 2006
Included observations: 52 after adjustments

Variable	Coefficient	Std. Error	t-Statistic	Prob.
D(LNM(-1))	-0.554001	0.151531	-3.656034	0.0006
D(LNM(-1),2)	-0.201860	0.131529	-1.534721	0.1314
C	0.045356	0.012974	3.495828	0.0010
@TREND(1952)	-0.000239	0.000229	-1.042680	0.3023

R-squared	0.411248	Mean dependent var	0.001133
Adjusted R-squared	0.374451	S.D. dependent var	0.031304
S.E. of regression	0.024759	Akaike info criterion	-4.485483
Sum squared resid	0.029423	Schwarz criterion	-4.335387
Log likelihood	120.6226	F-statistic	11.17614
Durbin-Watson stat	1.921317	Prob(F-statistic)	0.000011

图 4－7　一次差分后的单位根检验的第一次结果

结果分为两部分，首先要看下面部分是否合适：先看“Variable”这一列的“C”（就是截距项）和“@TREND（1952）”（就是时间趋势项）这两项的 Prob. 数值是否小于 0.05（小于号成立则保留，然后看上面部分的结果）。现在结果是 0.302 3，说明需要剔除时间趋势项。回到图 4－4，选择“Intercept”（就是点击它前面的小圆圈），如图 4－8 所示：

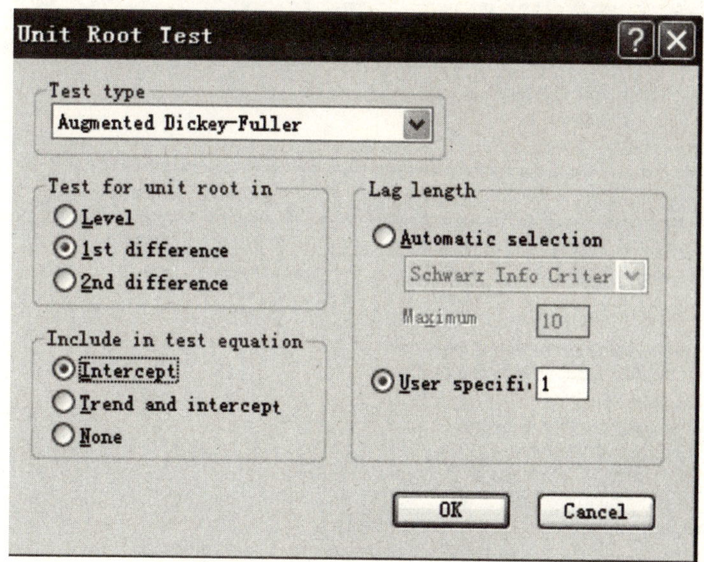

图 4－8　单位根检验形式的选择

然后点击“OK”，结果如图 4－9 所示：

EViews - [Series: LNM Workfile: DYC\Untitled]

File Edit Object View Proc Quick Options Window Help

View Proc Object Properties Print Name Freeze Sample Genr Sheet Stats Ident Line Bar

Augmented Dickey

Null Hypothesis: D(LNM) has a unit root
Exogenous: Constant
Lag Length: 1 (Fixed)

		t-Statistic	Prob.*
Augmented Dickey-Fuller test statistic		-3.588233	0.0093
Test critical values:	1% level	-3.562669	
	5% level	-2.918778	
	10% level	-2.597285	

*MacKinnon (1996) one-sided p-values.
Augmented Dickey-Fuller Test Equation
Dependent Variable: D(LNM,2)
Method: Least Squares
Date: 12/13/08 Time: 20:59
Sample (adjusted): 1955 2006
Included observations: 52 after adjustments

Variable	Coefficient	Std. Error	t-Statistic	Prob.
D(LNM(-1))	-0.542855	0.151288	-3.588233	0.0008
D(LNM(-1),2)	-0.205268	0.131605	-1.559723	0.1253
C	0.037788	0.010764	3.510703	0.0010

R-squared	0.397913	Mean dependent var	0.001133
Adjusted R-squared	0.373338	S.D. dependent var	0.031304
S.E. of regression	0.024781	Akaike info criterion	-4.501547
Sum squared resid	0.030090	Schwarz criterion	-4.388976
Log likelihood	120.0402	F-statistic	16.19181
Durbin-Watson stat	1.895150	Prob(F-statistic)	0.000004

图 4－9　一次差分后的单位根检验的最后结果

现在看到，“C”的 t 统计量对应的伴随概率为 0.001，可以不用剔除了。回头再看下面部分的“Durbin-Watson stat”项的数值是否接近于 2，现在是 1.895 150，说明这部分也没有问题了。那么，上图的下面部分就没有问题了。

第二节 单位根检验的结果

回到图4-9的上面部分，将上面部分的“Augmented Dickey-Fuller test statistic”的数值和后面的“5% critical value”的数值比较，结果是-3.588 233小于-2.918 778（而且也小于1%显著水平下的-3.562 669），说明检验的序列（现在检验的是一次差分序列）是平稳的。如果一次差分序列仍然是不平稳的，则仿照上一节的方法，做“2nd difference”序列的平稳性检验，一般经济序列都是一个或者不超过2个单位根，所以一般做“2nd difference”序列检验就有结果了，不需要做“3nd difference”序列检验（所以软件就没有这项）。

综合前面的检验结论，原序列是不平稳的，一次差分序列是平稳的，这样的结论说明原序列有一个单位根，即 ln*M* 是I（1）的。

依此类推，对 ln*Y* 序列的单位根检验最后结果如图4-10所示：

EViews - [Series: LNY Workfile: DYC\Untitled]

File Edit Object View Proc Quick Options Window Help

View Proc Object Properties Print Name Freeze Sample Genr Sheet Stats Ident Line Bar

Augmented Dickey-

Null Hypothesis: D(LNY) has a unit root
Exogenous: Constant
Lag Length: 1 (Fixed)

		t-Statistic	Prob.*
Augmented Dickey-Fuller test statistic		-4.070775	0.0024
Test critical values:	1% level	-3.562669	
	5% level	-2.918778	
	10% level	-2.597285	

*MacKinnon (1996) one-sided p-values.

Augmented Dickey-Fuller Test Equation
Dependent Variable: D(LNY,2)
Method: Least Squares
Date: 12/13/08 Time: 21:04
Sample (adjusted): 1955 2006
Included observations: 52 after adjustments

Variable	Coefficient	Std. Error	t-Statistic	Prob.
D(LNY(-1))	-0.561057	0.137826	-4.070775	0.0002
D(LNY(-1),2)	0.152640	0.141059	1.082103	0.2845
C	0.020626	0.007496	2.751715	0.0083

R-squared	0.264581	Mean dependent var	0.000792
Adjusted R-squared	0.234563	S.D. dependent var	0.047300
S.E. of regression	0.041382	Akaike info criterion	-3.475969
Sum squared resid	0.083912	Schwarz criterion	-3.363397
Log likelihood	93.37519	F-statistic	8.814322
Durbin-Watson stat	1.993495	Prob(F-statistic)	0.000537

图 4 – 10 变量 ln$Y$ 的单位根检验的最后结果

上述结果说明 ln$Y$ 是 I（1）的。

对 ln$i$ 序列的单位根检验最后结果如图 4 – 11 所示：

EViews - [Series: LNI　Workfile: DYC\Untitled]

File Edit Object View Proc Quick Options Window Help

View Proc Object Properties Print Name Freeze Sample Genr Sheet Stats Ident Line Bar

Augmented Dickey-

Null Hypothesis: D(LNI) has a unit root
Exogenous: Constant
Lag Length: 1 (Fixed)

		t-Statistic	Prob.*
Augmented Dickey-Fuller test statistic		-5.301920	0.0000
Test critical values:	1% level	-3.562669	
	5% level	-2.918778	
	10% level	-2.597285	

*MacKinnon (1996) one-sided p-values.

Augmented Dickey-Fuller Test Equation
Dependent Variable: D(LNI,2)
Method: Least Squares
Date: 12/13/08　Time: 21:07
Sample (adjusted): 1955 2006
Included observations: 52 after adjustments

Variable	Coefficient	Std. Error	t-Statistic	Prob.
D(LNI(-1))	-1.060155	0.199957	-5.301920	0.0000
D(LNI(-1),2)	0.091983	0.145441	0.632441	0.5300
C	0.081657	0.017501	4.665749	0.0000

R-squared	0.490769	Mean dependent var	0.000800
Adjusted R-squared	0.469984	S.D. dependent var	0.089539
S.E. of regression	0.065187	Akaike info criterion	-2.567161
Sum squared resid	0.208216	Schwarz criterion	-2.454589
Log likelihood	69.74618	F-statistic	23.61173
Durbin-Watson stat	1.994236	Prob(F-statistic)	0.000000

图 4-11　变量 ln$i$ 的单位根检验的最后结果

这个结果说明 ln$i$ 是 I（1）的。

归纳起来，上述检验结果列表如下（前面是单位根检验的全部过程，一般来说，对于单位根检验的结果，如果以论文的形式在实证分析部分发表，都要制成类似下面的表格，如表 4-1 所示）：

表 4-1　变量的单位跟检验结果

变量	差分次数	(C, T, K)	DW 值	ADF 值	5%临界值	1%临界值	结论
$\ln M$	1	(C, 0, 1)	1.90	-3.59	-2.92	-3.56	I (1)*
$\ln Y$	1	(C, 0, 1)	1.99	-4.07	-2.92	-3.56	I (1)*
$\ln i$	1	(C, 0, 1)					

说明：(C, T, K) 表示 ADF 检验式是否包含常数项、时间趋势项以及滞后期数；

* 表示变量差分后在 1% 的显著水平上通过 ADF 平稳性检验。

到此为止，单位根检验的全部过程以及如何将检验结果放到正规的学术论文里面的说明演示完毕。

表 4-2　数据时间段是 1952—2006 年

年份	M	Y	i	年份	M	Y	i
1952	3 516	219	1 690	1980	27 320	664.6	15 700
1953	3 716	216	1 730	1981	30 530	724.414	16 440
1954	3 725	216	1 810	1982	31 660	737.706	17 870
1955	4 059	217	1 850	1983	34 060	750.998	20 780
1956	4 282	224	1 890	1984	37 720	764.29	22 670
1957	4 510	230	1 930	1985	40 150	764.29	24 830
1958	4 568	234	2 070	1986	42 320	744.352	27 070
1959	4 958	234	2 100	1987	45 240	757.644	29 290
1960	5 153	234	2 170	1988	48 810	790.874	30 900
1961	5 338	233	3 400	1989	54 530	987.5	32 450
1962	5 746	234	3 670	1990	57 650	1 027	33 570
1963	6 069	233	3 980	1991	59 320	1 027	34 580
1964	6 498	234	4 300	1992	62 560	1 034.9	35 280

（续上表）

年份	M	Y	i	年份	M	Y	i
1965	7 051	239	4 650	1993	65 600	1 050.7	35 910
1966	7 720	246	4 860	1994	67 229	1 068.08	40 180.3
1967	8 164	247	5 300	1995	70 336	1 098.89	42 459.3
1968	8 927	253	5 720	1996	73 906	1 129.7	45 052.9
1969	9 639	263	5 920	1997	78 340	1 129.7	48 030
1970	10 155	273	6 310	1998	86 992	1 098.89	52 810.6
1971	11 030	282	7 140	1999	91 520.98	1 109.16	57 120.7
1972	12 130	294	8 060	2000	97 648	1 170.78	61 089
1973	13 590	333	8 590	2001	100 490	1 181.05	69 660.2
1974	14 730	395	9 050	2002	104 290	1 160.51	72 687
1975	15 980	432	10 200	2003	109 185	1 216.8	74 222
1976	17 830	451.928	11 600	2004	116 792	1 287	76 800
1977	19 910	478.512	12 820	2005	124 165	1 392.3	92 600
1978	22 500	518.388	13 810	2006	132 018	1 450.8	101 000
1979	25 080	584.848	14 670				

做完了单位根检验，你会发现，计量模型其实很好做嘛！学会一种原先认为非常复杂和摸不着头脑的知识是令人兴奋的！

山重水复疑无路，柳暗花明又一村。

第五章　协整检验

为什么要做协整检验呢？因为，没有协整关系的单整变量的回归仍然是伪回归。不妨记住：不做协整不行。这样理解更简单。

做协整有几个要求：

第一，两个或两个以上的变量才可以做协整检验；

第二，被解释变量的单整阶数要小于或者等于解释变量的单整阶数；

第三，有两个或者两个以上的解释变量的时候，解释变量的单整阶数要相同；

第四，只有一个被解释变量和一个解释变量的时候，两者的单整阶数要相同。

以上四点，能记住最好，记不住的时候就到这一页来查查。

前一章的单位根检验表明三个变量的单整阶数相同，因此可以做协整检验。

有道是：潺潺清泉濯我心，潭深鱼儿戏！

首先打开数据组窗口，如图 5－1 所示（做协整检验的变量都要显示出来，包括被解释变量）：

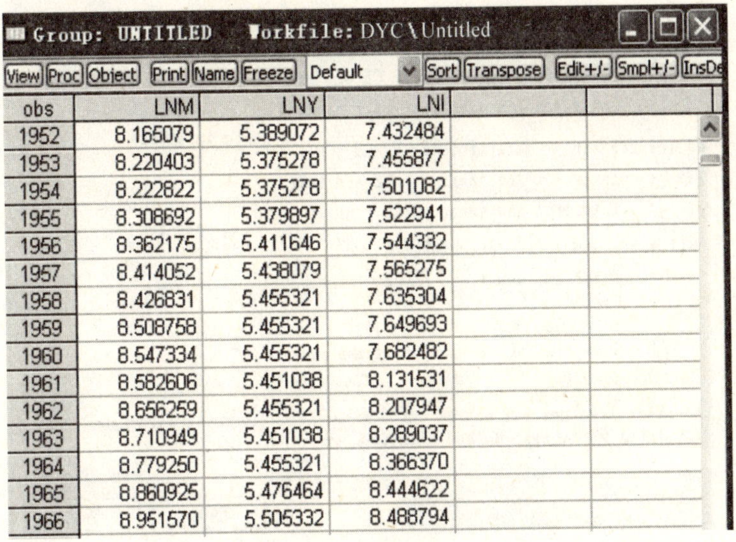

Group: UNTITLED　Workfile: DYC\Untitled

View Proc Object Print Name Freeze Default Sort Transpose Edit+/- Smpl+/- InsDe

obs	LNM	LNY	LNI
1952	8.165079	5.389072	7.432484
1953	8.220403	5.375278	7.455877
1954	8.222822	5.375278	7.501082
1955	8.308692	5.379897	7.522941
1956	8.362175	5.411646	7.544332
1957	8.414052	5.438079	7.565275
1958	8.426831	5.455321	7.635304
1959	8.508758	5.455321	7.649693
1960	8.547334	5.455321	7.682482
1961	8.582606	5.451038	8.131531
1962	8.656259	5.455321	8.207947
1963	8.710949	5.451038	8.289037
1964	8.779250	5.455321	8.366370
1965	8.860925	5.476464	8.444622
1966	8.951570	5.505332	8.488794

图 5－1　显示变量数据

然后点击左上角的“View”，出现下拉菜单，其中一项“cointegration test...”就是协整检验，点击它，结果如图 5－2 所示：

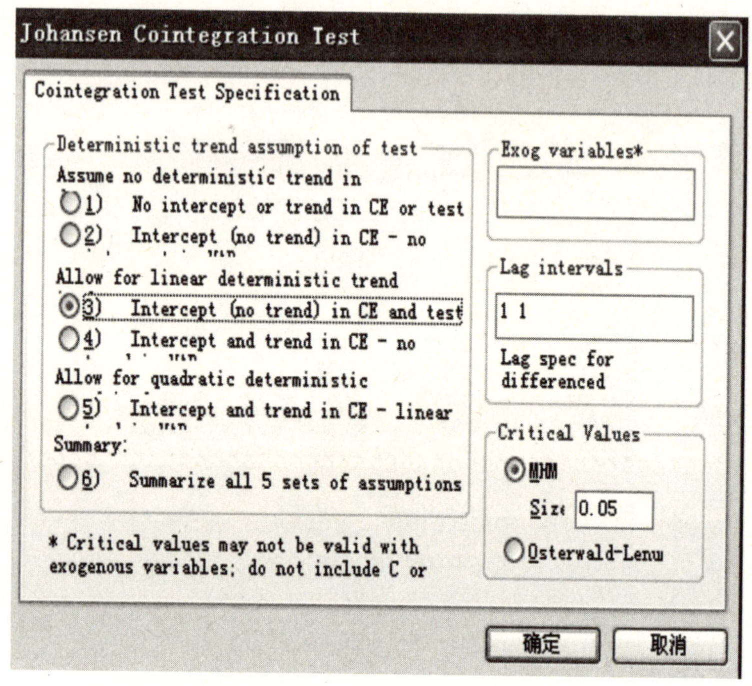

图 5－2　协整检验形式的选择

常见的协整方程的检验形式应该是 1）或者 2），所以我们点击 1）或者 2）前面的圆圈，然后点击“确定”，结果分别如图 5－3和图 5－4 所示（称为约翰森协整检验）：

EViews - [Group: UNTITLED Workfile: DYC\Untitled]

File Edit Object View Proc Quick Options Window Help

View Proc Object Print Name Freeze Sample Sheet Stats Spec

Johans

Date: 12/13/08 Time: 21:31
Sample (adjusted): 1954 2006
Included observations: 53 after adjustments
Trend assumption: No deterministic trend
Series: LNM LNY LNI
Lags interval (in first differences): 1 to 1

Unrestricted Cointegration Rank Test (Trace)

Hypothesized No. of CE(s)	Eigenvalue	Trace Statistic	0.05 Critical Value	Prob.**
None *	0.314488	30.84839	24.27596	0.0065
At most 1	0.153281	10.83614	12.32090	0.0875
At most 2	0.037354	2.017662	4.129906	0.1832

Trace test indicates 1 cointegrating eqn(s) at the 0.05 level
* denotes rejection of the hypothesis at the 0.05 level
**MacKinnon-Haug-Michelis (1999) p-values

Unrestricted Cointegration Rank Test (Maximum Eigenvalue)

Hypothesized No. of CE(s)	Eigenvalue	Max-Eigen Statistic	0.05 Critical Value	Prob.**
None *	0.314488	20.01224	17.79730	0.0228
At most 1	0.153281	8.818479	11.22480	0.1286
At most 2	0.037354	2.017662	4.129906	0.1832

Max-eigenvalue test indicates 1 cointegrating eqn(s) at the 0.05 level
* denotes rejection of the hypothesis at the 0.05 level

图 5－3　选择形式 1）的协整关系的结果

EViews - [Group: UNTITLED Workfile: DYC\Untitled]
File Edit Object View Proc Quick Options Window Help
View Proc Object Print Name Freeze Sample Sheet Stats Spec
Joha

Date: 12/13/08 Time: 21:35
Sample (adjusted): 1954 2006
Included observations: 53 after adjustments
Trend assumption: No deterministic trend (restricted constant)
Series: LNM LNY LNI
Lags interval (in first differences): 1 to 1

Unrestricted Cointegration Rank Test (Trace)

Hypothesized No. of CE(s)	Eigenvalue	Trace Statistic	0.05 Critical Value	Prob.**
None *	0.395529	46.09345	35.19275	0.0023
At most 1	0.223700	19.41317	20.26184	0.0651
At most 2	0.106912	5.992702	9.164546	0.1913

Trace test indicates 1 cointegrating eqn(s) at the 0.05 level
* denotes rejection of the hypothesis at the 0.05 level
**MacKinnon-Haug-Michelis (1999) p-values

Unrestricted Cointegration Rank Test (Maximum Eigenvalue)

Hypothesized No. of CE(s)	Eigenvalue	Max-Eigen Statistic	0.05 Critical Value	Prob.**
None *	0.395529	26.68028	22.29962	0.0115
At most 1	0.223700	13.42047	15.89210	0.1177
At most 2	0.106912	5.992702	9.164546	0.1913

Max-eigenvalue test indicates 1 cointegrating eqn(s) at the 0.05 level
* denotes rejection of the hypothesis at the 0.05 level

图 5－4　选择形式 2）的协整关系的结果

上述结果首先看图 5－3：

Hypothesized No. of CE（s）是原假设，我们一般翻译为“没有协整关系的原假设”（后面的伴随概率 Prob.** 值如果小于 0.05，则表示拒绝原假设，结果说明存在协整关系）；

Eigenvalue 是特征根；

Trace Statistic 是迹统计量；

0.05 Critical Value 是5%显著水平临界值；

Max-Eigen Statistic 是 λ－max 统计量。

判断是否存在协整关系，就是看图5－3第三列第一个数字30.848 39和20.012 24是否能大于5%显著水平的临界值24.275 96和17.797 30。如果大于号成立，说明至少有一个协整关系存在，反之则说明不存在协整关系。或者看 Prob.** 的第一行概率是否小于0.05，小于号成立则表明有协整关系，反之说明没有。图5－4依此类推，只是检验形式不同，但结果相同。

上述协整检验结果表明三个变量 ln$M$、ln$Y$ 和 ln$i$ 存在协整关系。

三个非平稳变量有协整关系才可以直接用普通最小二乘法回归分析，否则是伪回归。回归结果如图5－5所示：

EViews - [Equation: UNTITLED Workfile: DYC\Untitled]

File Edit Object View Proc Quick Options Window Help

View Proc Object Print Name Freeze Estimate Forecast Stats Resids

Dependent Variable: LNM
Method: Least Squares
Date: 12/13/08 Time: 21:39
Sample: 1952 2006
Included observations: 55

Variable	Coefficient	Std. Error	t-Statistic	Prob.
C	0.460850	0.075136	6.133558	0.0000
LNY	0.603314	0.043689	13.80931	0.0000
LNI	0.608301	0.023913	25.43782	0.0000

R-squared	0.998137	Mean dependent var	10.00205
Adjusted R-squared	0.998066	S.D. dependent var	1.172109
S.E. of regression	0.051551	Akaike info criterion	-3.039492
Sum squared resid	0.138190	Schwarz criterion	-2.930001
Log likelihood	86.58603	F-statistic	13932.12
Durbin-Watson stat	0.838082	Prob(F-statistic)	0.000000

图5－5　有协整关系的三变量回归结果

可以对上述结果进行自相关、异方差、正态性、稳定性检验（参考第三章），然后再适当修改或者加入 AR 或 MA 项调整（参见第七章）。

EViews - [Equation: UNTITLED Workfile: DYC\Untitled]
File Edit Object View Proc Quick Options Window Help
View Proc Object Print Name Freeze Estimate Forecast Stats Resids

Dependent Variable: LNM
Method: Least Squares
Date: 12/13/08 Time: 21:40
Sample (adjusted): 1953 2006
Included observations: 54 after adjustments

Variable	Coefficient	Std. Error	t-Statistic	Prob.
C	0.201641	0.039798	5.066609	0.0000
LNY	0.100455	0.043183	2.326244	0.0241
LNI	0.153937	0.034781	4.425864	0.0001
LNM(-1)	0.776324	0.057200	13.57212	0.0000

R-squared	0.999599	Mean dependent var	10.03606
Adjusted R-squared	0.999575	S.D. dependent var	1.155384
S.E. of regression	0.023830	Akaike info criterion	-4.564587
Sum squared resid	0.028393	Schwarz criterion	-4.417255
Log likelihood	127.2438	F-statistic	41514.37
Durbin-Watson stat	1.676298	Prob(F-statistic)	0.000000

图 5－6　加入被解释变量滞后一期的回归结果

协整检验原来就是这样做啊！

第六章　格兰杰因果关系检验

格兰杰因果关系检验不是检验逻辑上的因果关系，而是看变量间的先后顺序，是否存在一个变量的前期信息会影响到另一个变量的当期（请见本章第二节内容）。

春江潮水连海平，海上明月共潮生！

第一节　软件操作

格兰杰定理表明：存在协整关系的变量至少存在一个方向上的格兰杰因果关系。

首先打开如图 6－1 的数据组窗口（变量都要显示出来）：

EViews - [Group: UNTITLED Workfile: I
File Edit Object View Proc Quick Options Wir
View Proc Object Print Name Freeze Default Sort Trar

obs	LNM	LNY	LNI
1952	8.165079	5.389072	7.432484
1953	8.220403	5.375278	7.455877
1954	8.222822	5.375278	7.501082
1955	8.308692	5.379897	7.522941
1956	8.362175	5.411646	7.544332
1957	8.414052	5.438079	7.565275
1958	8.426831	5.455321	7.635304
1959	8.508758	5.455321	7.649693
1960	8.547334	5.455321	7.682482
1961	8.582606	5.451038	8.131531
1962	8.656259	5.455321	8.207947
1963	8.710949	5.451038	8.289037
1964	8.779250	5.455321	8.366370
1965	8.860925	5.476464	8.444622
1966	8.951570	5.505332	8.488794
1967	9.007490	5.509388	8.575462
1968	9.096836	5.533389	8.651724
1969	9.173573	5.572154	8.686092
1970	9.225721	5.609472	8.749891
1971	9.308374	5.641907	8.873468
1972	9.403437	5.683580	8.994669
1973	9.517090	5.808142	9.058354
1974	9.597642	5.978886	9.110520
1975	9.679093	6.068426	9.230143
1976	9.788638	6.113523	9.358760
1977	9.898977	6.170681	9.458762
1978	10.02127	6.250724	9.533148
1979	10.12983	6.371352	9.593560
1980	10.21537	6.499185	9.661416

图 6－1　显示变量的数据

然后点击左上角的“View”，出现下拉菜单，其中一项“Granger causality”就是格兰杰因果关系检验，点击它，结果如图6－2所示：

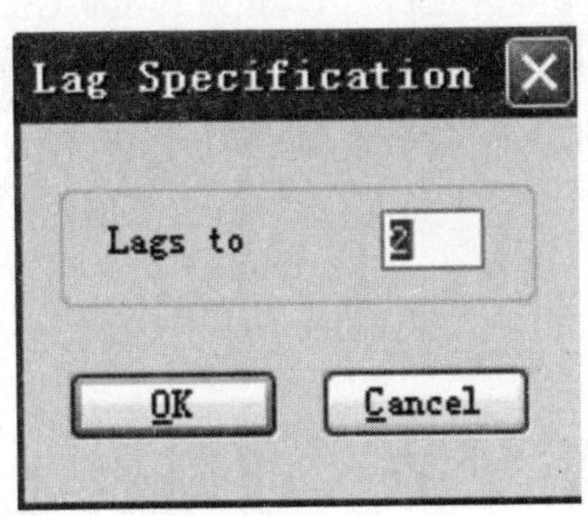

图6－2　滞后期的选择

空白处需要填写的数字表示的是滞后阶数，从一般经验来看是1、2、3、4这几个数字，理论上需要做VAR模型，用AIC或者SC确认，经验的数字就是理论常做的结果。比如取2，结果如图6－3所示：

EViews - [Group: UNTITLED　Workfile: DYC\Untitled]

File Edit Object View Proc Quick Options Window Help

View Proc Object Print Name Freeze Sample Sheet Stats Spec

Pairwise Granger Causality Tests
Date: 12/13/08　Time: 21:43
Sample: 1952 2006
Lags: 2

Null Hypothesis:	Obs	F-Statistic	Probability
LNY does not Granger Cause LNM	53	2.49825	0.09287
LNM does not Granger Cause LNY		5.29305	0.00837
LNI does not Granger Cause LNM	53	7.79180	0.00117
LNM does not Granger Cause LNI		0.39654	0.67483
LNI does not Granger Cause LNY	53	3.81990	0.02888
LNY does not Granger Cause LNI		0.00125	0.99875

图6－3　格兰杰因果检验的结果

Null Hypothesis 是原假设，第一行"LNY does not Granger Cause LNM"（LNY 不是 LNM 的格兰杰原因）的接受概率是 0.092 87，说明在 5% 的显著水平上原假设成立，即 LNY 不是 LNM 的格兰杰原因。第二行"LNM does not Granger Cause LNY"的接受概率是 0.008 37，则表明 LNM 是 LNY 的格兰杰原因。依此类推，在 5% 的显著水平上其他还有因果关系的是：LNI 是 LNM 的格兰杰原因、LNI 是 LNY 的格兰杰原因。其他滞后期的选择依此类推。

第二节　理论表述

因果关系检验由美国经济学家格兰杰（C. W. Granger）于 1969 年提出，后经亨德里（Hendry）和理查德（Richard）进一步发展而成。这种方法为从统计角度确定变量间的因果关系提供了一种实用分析工具。若 x_t 和 y_t 为稳定的时间序列变量，

$$x_t = c_1 + \alpha_1 x_{t-1} + \alpha_2 x_{t-2} + \cdots + \alpha_p x_{t-p} + \beta_1 y_{t-1} + \beta_2 y_{t-2} + \cdots + \beta_p y_{t-p} + u_t$$

则可用 OLS 估计上式的残差平方和 RSS_1，将此结果与 x_t 的单元自回归残差平方和 RSS_0 相比较，如果 $F_1 = [(RSS_0 - RSS_1)/p] / [RSS_1/(T-2p-1)]$ 大于 $F(p, T-2p-1)$ 分布的 5% 临界值，我们得到：y 能格兰杰——引起 x；反之，若 F_1 小于 $F(p, T-2p-1)$ 分布的 5% 临界值，则我们拒绝：y 能格兰杰——引起 x。若 x_t 和 y_t 为非稳定的时间序列变量，则须利用误差修正模型判定因果关系。格兰杰指出：如果一对时间序列是协整的，那么至少存在一个方向上的格兰杰原因，在任何非协整情况下，任何原因推断将是无效的。

格兰杰因果关系检验中最重要的是滞后时间长度的确定。如果随机确定，会导致检验结果的错误。在该项研究中，滞后时间长度的确定是按赤池（Akaike）信息准则（AIC）和施瓦茨

(Schwarz) 准则 (SC) 确定的。

AIC 和 SC 的计算公式分别如下:

$$AIC = \log\left[\frac{\sum_{t=1}^{T}\hat{u}_t^2}{T}\right] + \frac{2k}{T}$$

$$SC = \log\left[\frac{\sum_{t=1}^{T}\hat{u}_t^2}{T}\right] + \frac{k\log T}{T}$$

其中 $\hat{u}_t$ 是残差。两式右侧第一项随着 k 的增加而减小，第二项则随着 k 的增加而增加。所以随着 k 的变化，AIC 与 SC 会有极小值存在。故我们可以通过连续增加 k 的值，直到 AIC 与 SC 取得极小值，从而确定最优的 k。

这就是格兰杰因果关系!

庄生晓梦迷蝴蝶，望帝春心托杜鹃!

第七章　如何做ARMA模型

到此，我们相信你已经学会了软件的很多应用方法，正所谓：临漳水之长流兮，望园果之滋荣。

做实证分析要用数据，可是数据如果不全或者缺失就是一个问题了！不用担心，不用着急，做 ARMA 模型不仅能估计缺失的数据，还可以对数据进行外推预测，扩大样本容量。要对一个序列做 ARMA 模型，前提条件是这个序列必须是平稳的，比如我们前面分析的 ln$m$ 序列，要对它做 ARMA 模型，但通过单位根检验表明这个序列是一阶单整的，不是平稳序列，则无法做好模型。

第一节　相关图和偏相关图

另一种检验序列的稳定性的方法称为相关图和偏相关图。首先打开如图 7－1 所示的数据窗口：

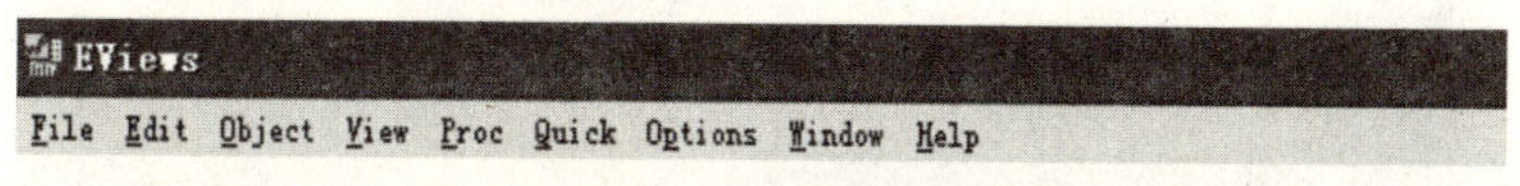

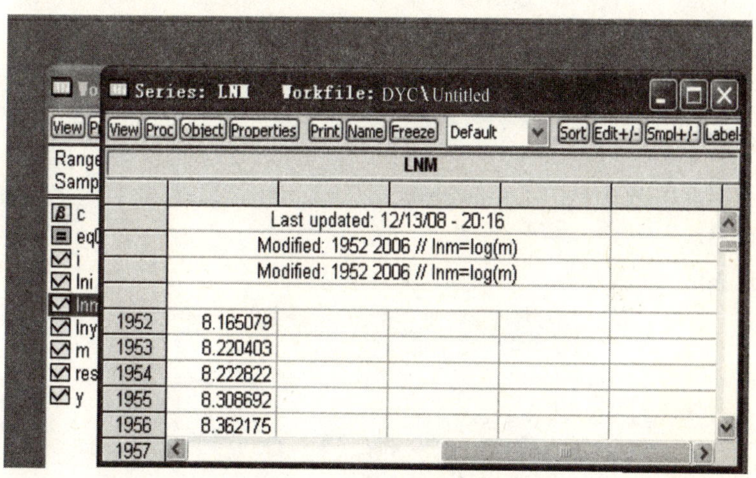

图 7－1　打开序列的数据窗口

然后点击这个窗口下的“View”命令按钮，出现下列下拉菜单，如图 7－2 所示：

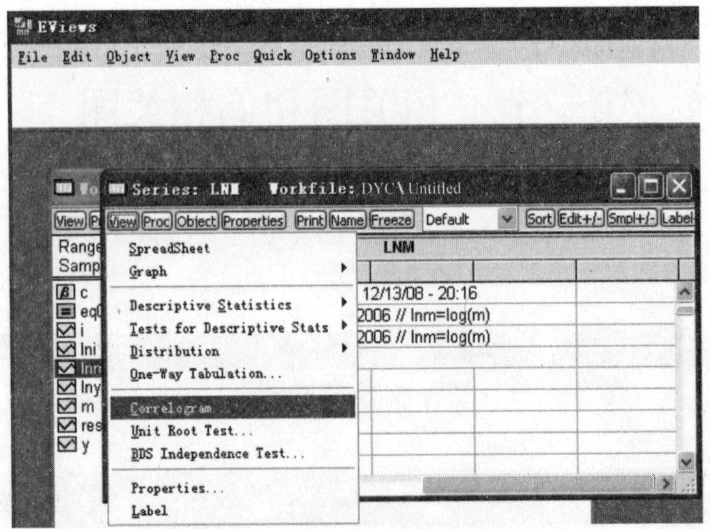

图 7－2　序列有关命令的显示窗口

点击其中的“Correlogram...”后，出现如图 7－3 所示的窗口：

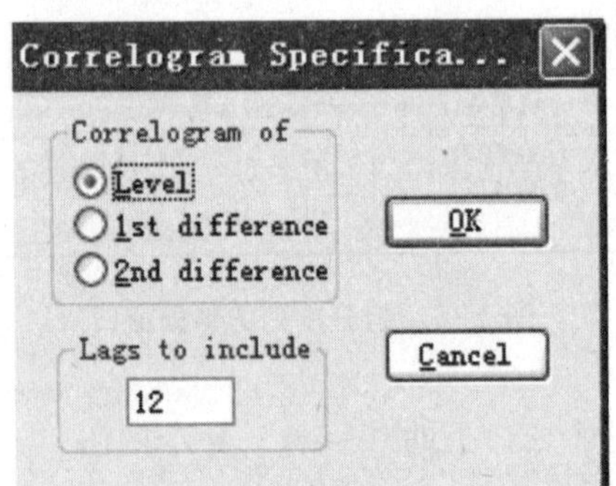

图 7－3　序列的相关图和偏相关图命令

这个窗口包含两部分，上面的对话窗口“Correlogram of”表明要对哪个序列，“Level”（原序列），还是“1st difference”（一次差分序列）还是“2nd difference”（二次差分序列），做相关图和偏相关图，我们应该选择“Level”（原序列）。第二部分是“Lags to include”（滞后期数），一般选择输入的数据为“8～12”（或者样本的四分之一数），我们选择输入 12。然后点击“OK”，结果如图 7－4 所示：

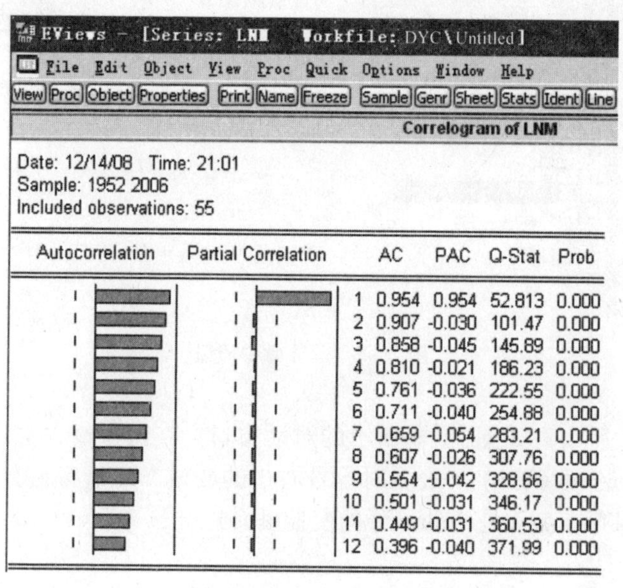

图 7－4 序列的相关图和偏相关图的显示结果

从这个图里看 Prob. 项下的数值，我们发现都是小于 0.05 的，因此需要对这个序列做差分，然后检验差分序列是否平稳。若差分序列平稳，则表明序列是一阶单整的，即 I（1）。否则，继续差分，直至平稳（经济序列一般两次差分即可平稳，即最高一般为 I（2）序列）。差分的计算如下面几个图形的演示：

点击主菜单的“Quick”，出现下拉菜单，点击“Generate Series...”，如图 7－5 所示：

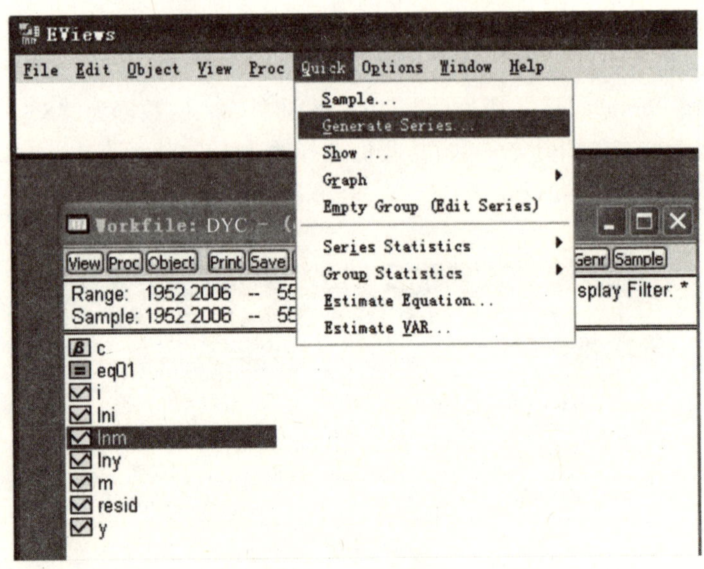

图 7－5　运算命令窗口

然后出现如图 7－6 所示的对话窗口，在窗口最大空白处输入 dln*m*＝d（ln*m*）（表示对等号右边的变量 ln*m* 进行差分运算，结果保存在名称是“dln*m*”的变量里面）。

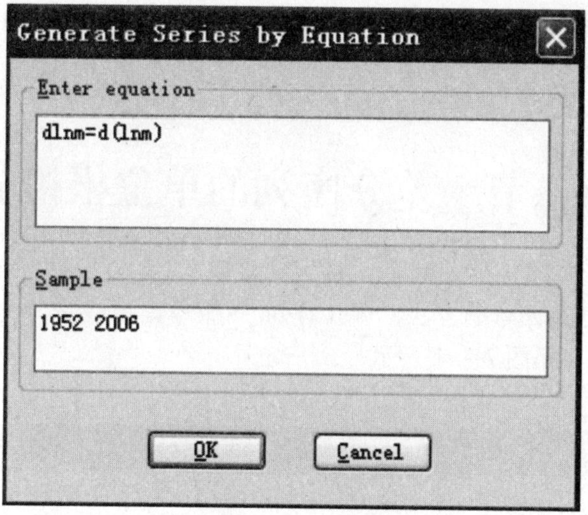

Generate Series by Equation
Enter equation
dlnm=d(lnm)
Sample
1952 2006
OK
Cancel

图 7－6　差分运算

点击“OK”，结果如图 7－7 所示：

Workfile: DYC - (d:\my d
View
Proc
Object
Print
Save
Details+/-
Range: 1952 2006 -- 55 obs
Sample: 1952 2006 -- 55 obs
c
dlnm
eq01
i
lni
lnm
lny
m
resid
y

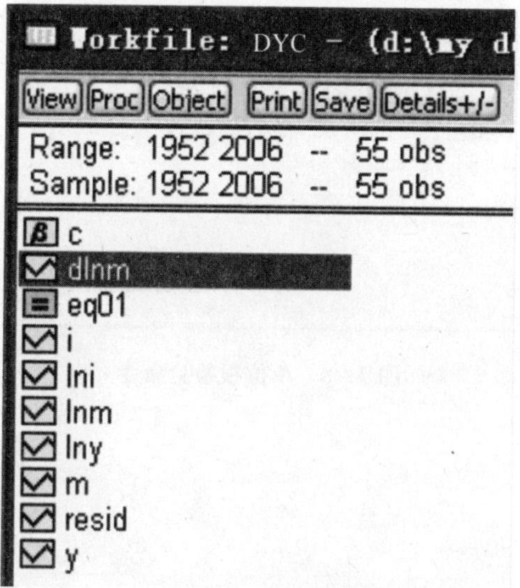

图 7－7　运算的结果

按照做 ln$m$ 的相关图和偏相关图的方法，做 dln$m$ 的相关图和偏相关图。

第二节　差分序列的单位根检验

按照第四章的方法，可以对 dln$m$ 做单位根检验，检验过程如图 7－8 至图 7－11 所示：

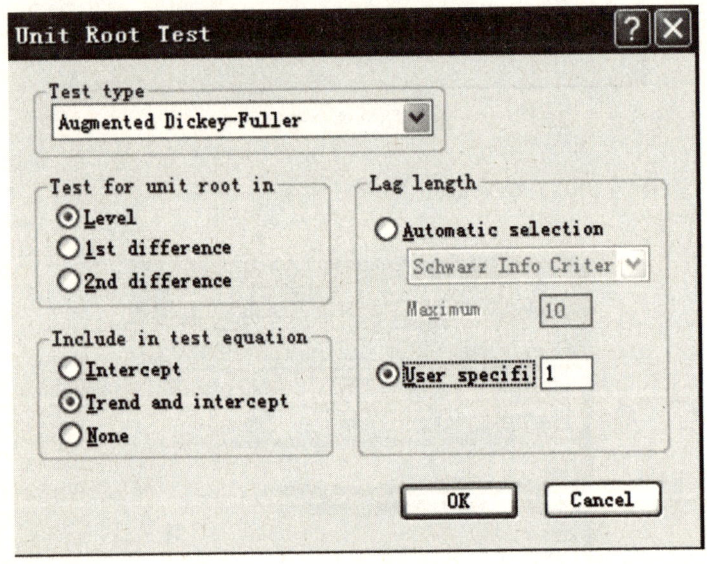

图 7－8　单位根检验命令

EViews - [Series: DLNM　Workfile: DYC\Untitled]

File Edit Object View Proc Quick Options Window Help

View Proc Object Properties Print Name Freeze Sample Genr Sheet Stats Ident L

Augmente

Null Hypothesis: DLNM has a unit root
Exogenous: Constant, Linear Trend
Lag Length: 1 (Fixed)

		t-Statistic	Prob.*
Augmented Dickey-Fuller test statistic		-3.656034	0.0346
Test critical values:	1% level	-4.144584	
	5% level	-3.498692	
	10% level	-3.178578	

*MacKinnon (1996) one-sided p-values.

Augmented Dickey-Fuller Test Equation
Dependent Variable: D(DLNM)
Method: Least Squares
Date: 12/14/08　Time: 21:06
Sample (adjusted): 1955 2006
Included observations: 52 after adjustments

Variable	Coefficient	Std. Error	t-Statistic	Prob.
DLNM(-1)	-0.554001	0.151531	-3.656034	0.0006
D(DLNM(-1))	-0.201860	0.131529	-1.534721	0.1314
C	0.045356	0.012974	3.495828	0.0010
@TREND(1952)	-0.000239	0.000229	-1.042680	0.3023

R-squared	0.411248	Mean dependent var	0.001133
Adjusted R-squared	0.374451	S.D. dependent var	0.031304
S.E. of regression	0.024759	Akaike info criterion	-4.485483
Sum squared resid	0.029423	Schwarz criterion	-4.335387
Log likelihood	120.6226	F-statistic	11.17614
Durbin-Watson stat	1.921317	Prob(F-statistic)	0.000011

图 7 - 9　带常数项和时间趋势项的单位根检验结果

发现时间趋势项“@ TREND（1952）”未通过 t 检验，去掉之后重新做。如图 7 - 10 所示：

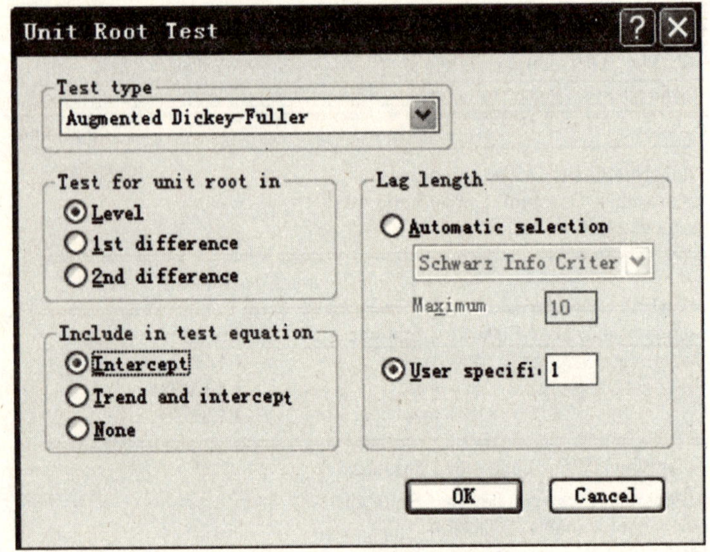

图 7－10　单位根检验模型的选择

点击“OK”，结果如图 7－11 所示：

EViews - [Series: DLNM   Workfile: DYC\Untitled]

File Edit Object View Proc Quick Options Window Help

View Proc Object Properties Print Name Freeze Sample Genr Sheet Stats Ident

Augmen

Null Hypothesis: DLNM has a unit root
Exogenous: Constant
Lag Length: 1 (Fixed)

		t-Statistic	Prob.*
Augmented Dickey-Fuller test statistic		-3.588233	0.0093
Test critical values:	1% level	-3.562669	
	5% level	-2.918778	
	10% level	-2.597285	

*MacKinnon (1996) one-sided p-values.

Augmented Dickey-Fuller Test Equation
Dependent Variable: D(DLNM)
Method: Least Squares
Date: 12/14/08   Time: 21:08
Sample (adjusted): 1955 2006
Included observations: 52 after adjustments

Variable	Coefficient	Std. Error	t-Statistic	Prob.
DLNM(-1)	-0.542855	0.151288	-3.588233	0.0008
D(DLNM(-1))	-0.205268	0.131605	-1.559723	0.1253
C	0.037788	0.010764	3.510703	0.0010
R-squared	0.397913	Mean dependent var		0.001133
Adjusted R-squared	0.373338	S.D. dependent var		0.031304
S.E. of regression	0.024781	Akaike info criterion		-4.501547
Sum squared resid	0.030090	Schwarz criterion		-4.388976
Log likelihood	120.0402	F-statistic		16.19181
Durbin-Watson stat	1.895150	Prob(F-statistic)		0.000004

图 7－11　单位根检验的最后结果

上述结果表明，dln$m$ 序列是平稳的，因此可以做 ARMA 模型了。

第三节　ARMA 建模软件操作过程

点击主菜单“Quick”下拉菜单中的“Estimate Equation”，出现下面的对话窗口，在对话窗口里依次输入图 7－12 中的示例。

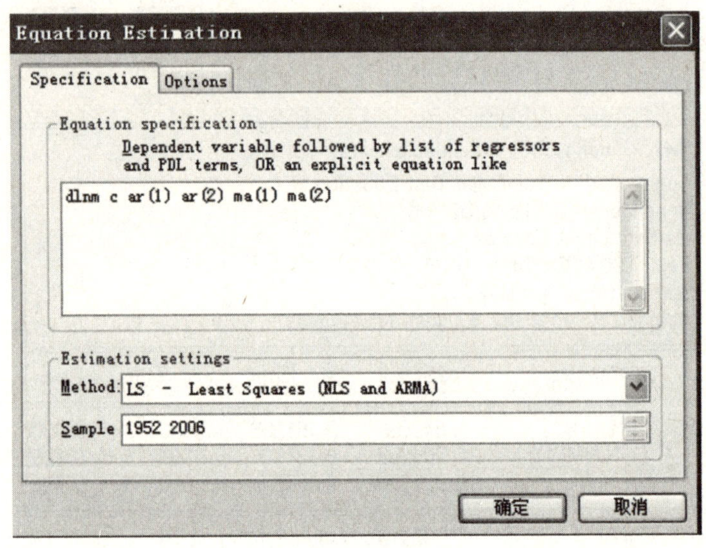

图 7－12　做 ARMA 模型的命令写法

点击“确定”，结果如图 7－13 所示：

EViews - [Equation: UNTITLED   Workfile: DYC \ Untitled]

File Edit Object View Proc Quick Options Window Help

View Proc Object Print Name Freeze Estimate Forecast Stats Resids

Dependent Variable: DLNM
Method: Least Squares
Date: 12/14/08 Time: 21:12
Sample (adjusted): 1955 2006
Included observations: 52 after adjustments
Convergence achieved after 20 iterations
Backcast: 1953 1954

Variable	Coefficient	Std. Error	t-Statistic	Prob.
C	0.071463	0.009010	7.931290	0.0000
AR(1)	0.041481	0.173919	0.238508	0.8125
AR(2)	0.688753	0.126832	5.430447	0.0000
MA(1)	0.336920	0.215861	1.560815	0.1253
MA(2)	-0.631881	0.195068	-3.239289	0.0022

R-squared	0.281766	Mean dependent var	0.068613
Adjusted R-squared	0.220640	S.D. dependent var	0.026467
S.E. of regression	0.023365	Akaike info criterion	-4.583940
Sum squared resid	0.025658	Schwarz criterion	-4.396320
Log likelihood	124.1824	F-statistic	4.609575
Durbin-Watson stat	1.990817	Prob(F-statistic)	0.003194

Inverted AR Roots	.85	-.81
Inverted MA Roots	.64	-.98

图 7－13　ARMA 模型的第一次尝试结果

上面结果发现 AR（1）未通过 t 检验，去掉后重新做，如图 7－14 所示：

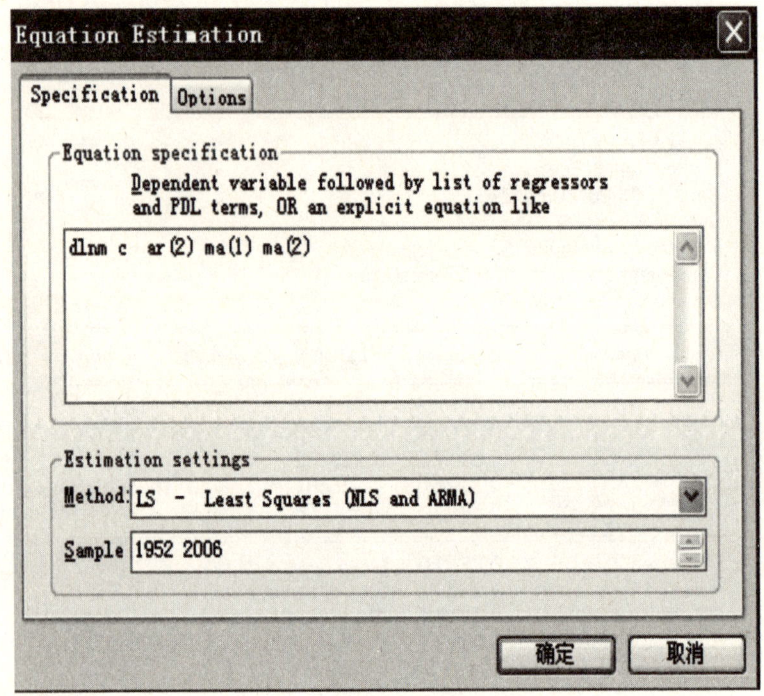

图 7－14　ARMA 模型的命令写入

点“确定”，得到图 7－15 的结果：

EViews - [Equation: UNTITLED Workfile: DYC\Untitled]

File Edit Object View Proc Quick Options Window Help

View Proc Object Print Name Freeze Estimate Forecast Stats Resids

Dependent Variable: DLNM
Method: Least Squares
Date: 12/14/08 Time: 21:13
Sample (adjusted): 1955 2006
Included observations: 52 after adjustments
Convergence achieved after 21 iterations
Backcast: 1953 1954

Variable	Coefficient	Std. Error	t-Statistic	Prob.
C	0.071134	0.007995	8.897162	0.0000
AR(2)	0.672688	0.125112	5.376676	0.0000
MA(1)	0.382056	0.130810	2.920702	0.0053
MA(2)	-0.592624	0.144025	-4.114727	0.0002

R-squared	0.280905	Mean dependent var	0.068613
Adjusted R-squared	0.235962	S.D. dependent var	0.026467
S.E. of regression	0.023134	Akaike info criterion	-4.621203
Sum squared resid	0.025689	Schwarz criterion	-4.471108
Log likelihood	124.1513	F-statistic	6.250193
Durbin-Watson stat	1.990520	Prob(F-statistic)	0.001141

Inverted AR Roots	.82	-.82
Inverted MA Roots	.60	-.98

图 7－15　ARMA 模型的一个结果

上图即为一个 ARMA 模型，这个模型的方程写法如下：

$$\triangle \ln m_t = 0.07 + 0.67\ (\triangle \ln m_{t-2} - 0.07)\ + 0.38 u_{t-1} - 0.59\ u_{t-2}$$

$$(8.90)\ (5.38)\qquad\qquad\qquad (2.92)\ \ (-4.11)$$

由于 ARMA 模型不唯一，因此我们可以尝试多做几个 ARMA 模型，如图 7－16 和图 7－17 所示：

EViews - [Equation: UNTITLED Workfile: DYC\Untitled]
File Edit Object View Proc Quick Options Window Help
View Proc Object Print Name Freeze Estimate Forecast Stats Resids

Dependent Variable: DLNM
Method: Least Squares
Date: 12/14/08 Time: 21:14
Sample (adjusted): 1955 2006
Included observations: 52 after adjustments
Convergence achieved after 47 iterations
Backcast: 1953 1954

Variable	Coefficient	Std. Error	t-Statistic	Prob.
C	0.072032	0.009984	7.214679	0.0000
AR(1)	0.266060	0.108454	2.453214	0.0178
AR(2)	0.569235	0.156350	3.640767	0.0007
MA(2)	-0.543548	0.188752	-2.879694	0.0059

R-squared	0.235796	Mean dependent var	0.068613
Adjusted R-squared	0.188033	S.D. dependent var	0.026467
S.E. of regression	0.023849	Akaike info criterion	-4.560362
Sum squared resid	0.027301	Schwarz criterion	-4.410266
Log likelihood	122.5694	F-statistic	4.936808
Durbin-Watson stat	1.853502	Prob(F-statistic)	0.004554

Inverted AR Roots	.90	-.63
Inverted MA Roots	.74	-.74

图 7－16　同一序列 ARMA 模型的第二个结果

上图的 ARMA 模型方程写法如下：

$$\triangle \ln m_t = \underset{(7.21)}{0.07} + \underset{(2.45)}{0.27}\ (\triangle \ln m_{t-1} - 0.07) + \underset{(3.64)}{0.57}\ (\triangle \ln m_{t-2} - 0.07) \underset{(-2.88)}{-0.54}\ u_{t-2}$$

EViews - [Equation: UNTITLED Workfile: DYC\Untitled]

File Edit Object View Proc Quick Options Window Help

View Proc Object Print Name Freeze Estimate Forecast Stats Resids

Dependent Variable: DLNM
Method: Least Squares
Date: 12/14/08 Time: 21:16
Sample (adjusted): 1954 2006
Included observations: 53 after adjustments
Convergence achieved after 90 iterations
Backcast: 1953

Variable	Coefficient	Std. Error	t-Statistic	Prob.
C	0.070947	0.009462	7.498257	0.0000
AR(1)	0.873047	0.113987	7.659165	0.0000
MA(1)	-0.671893	0.183706	-3.657444	0.0006

R-squared	0.222321	Mean dependent var	0.067364
Adjusted R-squared	0.191214	S.D. dependent var	0.027743
S.E. of regression	0.024950	Akaike info criterion	-4.488940
Sum squared resid	0.031125	Schwarz criterion	-4.377414
Log likelihood	121.9569	F-statistic	7.146936
Durbin-Watson stat	1.963557	Prob(F-statistic)	0.001862

Inverted AR Roots	.87
Inverted MA Roots	.67

图 7－17　同一序列的 ARMA 模型的第三个结果

上图的 ARMA 模型方程如下：

$$\triangle \ln m_t = 0.07 + 0.87\ (\triangle \ln m_{t-1} - 0.07)\ - 0.67\ u_{t-1}$$

$$(7.49)\ (7.66)\qquad\qquad\qquad (-3.66)$$

一切 OK，完毕。如果还是不会，大不了从头再来！

至此，你已经学会了 EViews 软件操作，有什么感觉呢？那种心情就是：起舞弄清影，何似在人间！

后记

后　记

书稿第二版完成之际，感慨颇多，非言语所能形容！

人生若只如初见，何事秋风悲画扇！

感谢爱我的人和我爱的人，在我漫漫的求学路上对我的鼓励、支持和帮助，衷心祝愿他（她）们幸福、安康、快乐！

我们写这样一本通俗之书，希望能对普及和推广计量经济学作出微薄的贡献。

计量经济学初学者的支持、计量专家的鼓励，将成为我们继续前进的动力。如果条件允许，我们会继续补充和完善本书，比如加权最小二乘法、模型的稳定性检验（Chow 检验、RESET 检验等）、GARCH 模型、季节数据与季节调整、周期与滤波、VAR 模型、VEC 模型、面板模型（包括 Hausman 检验）、面板单位根检验（5 种方法：LLC 检验、Breitung 检验、Hadri 检验、IPS 检验、Fisher-ADF 检验）、面板协整检验（4 个联合组内尺度描述，即 Panel v-Stat、Panel ρ-Stat、Panel ADF-Stat、Panel PP-Stat；3 个是用组间尺度来描述的，即 Group ρ-Stat、Group ADF-Stat、Group PP-Stat）等。

电子邮箱：chenzhao2002@ mail. gdufs. edu. cn

PH. D 陈　昭

2013 年 6 月 30 日

于白云山麓广东外语外贸大学校园